Chambers
Pardon my Spanish!

Chambers

CHAMBERS
An imprint of Chambers Harrap Publishers Ltd
7 Hopetoun Crescent, Edinburgh, EH7 4AY

Chambers Harrap is an Hachette UK company

© Chambers Harrap Publishers Ltd 2009

Chambers® is a registered trademark of Chambers Harrap Publishers Ltd

First published by Chambers Harrap Publishers Ltd 2009
Previously published as *Harrap's Pardon My Spanish!* in 2002
Second edition published 2007

Database right Chambers Harrap Publishers Ltd (makers)

All rights reserved. No part of this publication may be reproduced, stored in a retrieval system, or transmitted in any form or by any means, electronic, mechanical, photocopying, recording or otherwise, without the prior permission in writing of Chambers Harrap Publishers Ltd, or as expressly permitted by law, or under terms agreed with the appropriate reprographics rights organization. Enquiries concerning reproduction outside the scope of the above should be sent to the Rights Department, Chambers Harrap Publishers Ltd, at the address above.

You must not circulate this book in any other binding or cover and you must impose this same condition on any acquirer.

A CIP catalogue record for this book is available from the British Library.

ISBN 978 0550 10537 0

10 9 8 7 6 5 4 3 2 1

We have made every effort to mark as such all words which we believe to be trademarks. We should also like to make it clear that the presence of a word in the dictionary, whether marked or unmarked, in no way affects its legal status as a trademark.

www.chambers.co.uk

Designed by Chambers Harrap Publishers Ltd, Edinburgh
Typeset in Frutiger and Gill Sans by Chambers Harrap Publishers Ltd, Edinburgh
Printed and bound by Clays Ltd, St Ives plc

Authors/Autores

Joaquín Blasco
José A. Gálvez
Victoria Ordóñez Diví

Editors/Coordinación editorial

Teresa Álvarez
Liam Rodger

Publishing Manager/Dirección editorial

Anna Stevenson
Patrick White

Prepress/Preimpresión

Becky Pickard

Marcas registradas
Las palabras consideradas marcas registradas vienen señaladas en este diccionario con una ®. Sin embargo, la presencia o la ausencia de tal distintivo no implica juicio alguno acerca de la situación legal de la marca registrada.

Trademarks
Words considered to be trademarks have been designated in this dictionary by the symbol ®. However, no judgement is implied concerning the legal status of any trademark by virtue of the presence or absence of such a symbol.

Preface

Slang, or informal language, is now covered to a greater or lesser extent by the various general English-Spanish dictionaries available on the market. However, since slang terms are treated just like any other term in these dictionaries, their coverage tends to be somewhat arbitrary and the translations provided often fail to reflect the nuances of the item being translated. Slang is a very rich and productive area of language, and there is often a whole range of slang terms referring to the same concept (e.g. sex, parts of the body, madness). The beauty of slang is that all these apparently synonymous terms are in fact used in slightly different ways in slightly different contexts and by different people. These subtleties, which are precisely what makes slang such a fascinating and creative type of language, are generally not reflected in the equivalents provided by bilingual dictionaries, where more often than not ten different slang terms meaning "excellent", for example, all have the same translation, despite the fact that they actually have different shades of meaning. The authors of this dictionary, Tony Gálvez and Joaquín Blasco, have devised a sophisticated methodology designed to ensure that the translations given come as close as possible to conveying all the nuances of the term being translated. It is our hope that this will allow users to gain a much better understanding of how the items in this dictionary are actually used in real-life situations. This in turn will put them in a position to use the items productively in as natural a way as possible, should they wish to do so. In short, we hope you will have just as much fun recognizing common informal expressions on the English-Spanish side of the dictionary as you will delighting in the carefully-considered and natural-sounding translations on the Spanish-English side.

What is slang?

"Slang" is a term that might at first sight appear easy enough to define. However, closer inspection reveals that the word in fact has a number of different interpretations. For example, "slang" is often used to refer to the jargon of particular social or professional groups such as soldiers, criminals or even dentists. This type of slang is usually not familiar to the population at large, and has not been included in this dictionary. We have opted for a broader definition of slang as language that is generally considered to be informal in nature. This book aims to provide in-depth coverage of the most common informal terms used in spoken and written English and Spanish, with abundant example sentences highlighting the most important contexts. The words included may range from colloquial to vulgar in register, but will always be among the informal words most frequently heard by anyone staying in the UK or Spain.

Register

The register of a word refers to how informal it is. The majority of bilingual dictionaries label slang terms as either informal, very informal or vulgar. You will notice, however, that these labels are not used in this dictionary. This is because, in practice, the register of many slang terms varies depending on the specific context in which they are used. It is by no means uncommon for the same word to be informal in some contexts and very informal or even vulgar in others. Rather than arbitrarily tying a word to one register or another, the authors have sought to provide translations that work in exactly the same way, i.e. that change in register according to context just like the source language item. Where this was not possible, a range of examples have been provided, showing different usages and with translations that match the register of each specific usage. A few extremely vulgar words and expressions are followed by the symbol [!!] which draws users' attention to the fact that these are among the most taboo terms in the language and they should not use them if they wish to avoid causing offence. Furthermore, in the few cases where no slang translation exists, translations that are neutral in register have been provided, followed by either the label *[not slang]* or *[traducción neutra]*.

Racist, sexist, homophobic and other offensive terms

While the authors deplore the use of such terms, it is inevitable that a slang dictionary will contain a considerable amount of racist, sexist and homophobic language, as well as terms that are offensive to other groups in society, such as people with disabilities. All such items are clearly labelled, alerting readers to the fact that their use is likely to cause offence to the groups in question. Furthermore, in those cases where the translations do not necessarily reflect all the nuances of usage in every context, usage boxes have been provided giving additional information about some of these terms.

Extra help

A very rigorous methodology was used in the compilation and translation of this dictionary in an attempt to ensure that the translations reflect the precise register and usage of the source language item as accurately as possible. In those cases where we felt that no translation adequately covers the full range of usage, we have provided the missing information in the form of usage boxes.

In view of the fact that slang is a very fluid form of language and the same terms can be understood differently in different regions or by different individuals, all headwords, senses and phrases have been given explanations in brackets to make it absolutely clear to the user which meaning is being translated. This contrasts with most bilingual dictionaries, where explanations are only retained for some headwords and phrases.

All insults have been clearly identified as such so that non-native speakers will be aware of the dangers of using such items. Humorous and ironic items are also labelled.

All euphemisms are not only labelled as such, they also carry an explanation of the term that the euphemism is replacing, e.g.:

>**effing** ADJ *Eufemismo [fucking]* ...

We have made every effort to avoid using arcane abbreviations and symbols in this dictionary. While it has been necessary to use some abbreviations for reasons of practicality, these are mainly confined to parts of speech. Wherever possible, we have sought to make the dictionary easier to use by writing things out in full.

A comprehensive cross-reference system has been employed, making it as easy as possible for users to find the item they are looking for.

Our friends across the pond

The emphasis of this dictionary is on British English and peninsular Spanish. However, the influence of American English in the media means that American terms are increasingly understood and even used by speakers of British English. For this reason, and also to aid Spanish users who come across American slang terms in books, films, etc, a representative sample of the most common American English slang terms has also been included on the English-Spanish side of the dictionary, as have a few widely recognized terms from other parts of the world where English is spoken.

Second Edition

Slang goes in and out of fashion at an astonishing rate. New terms are being coined every day, while some words that were all the rage a few years ago are now totally uncool. It is very hard for a printed dictionary to keep up with this pace of change, as by the time the book has been prepared for publication some new words will inevitably have come in while others may well have vanished without trace. This second edition attempts to cover the main highlights of the five years since the publication of the original dictionary. We have added a significant number of new words, senses and example sentences, comprising recent coinages together with some terms that were not included in the first edition because there was insufficient space for them at the time. New to this edition are the themed panels that provide in-depth information on key areas of slang such as insults, exclamations and sex. We hope that this expanded edition will provide our users with an even better understanding of how English and Spanish slang is being used today.

Prefacio

Los diferentes diccionarios generales de inglés-español que hay en el mercado recogen en mayor o menor medida el argot, o lenguaje informal. Sin embargo, los términos de argot reciben un tratamiento similar al de cualquier otro término, su selección tiende a ser arbitraria y las traducciones que se ofrecen a menudo no reflejan los matices de la palabra que están traduciendo. El argot es un área de la lengua muy rica y productiva; muy a menudo hay toda una serie de términos de argot para referirse al mismo concepto (p. ej.: sexo, partes del cuerpo, locura). Lo que tiene de maravilloso el argot es que todos estos términos que en apariencia son sinónimos son utilizados de forma ligeramente diferente en contextos ligeramente diferentes por gente diferente. Los diccionarios bilingües a menudo no reflejan en sus traducciones estas sutilezas, que son las que hacen del argot un tipo de lenguaje tan fascinante y creativo. Por ejemplo, es posible encontrar en los diccionarios bilingües la misma traducción para diez términos diferentes de argot que quieren decir "genial", pero que se utilizan de forma diferente. Los autores de este diccionario, Joaquín Blasco y Tony Gálvez, han desarrollado una sofisticada metodología para garantizar que las traducciones que han dado reflejen con la mayor precisión posible los matices del término que están traduciendo. Esperamos que así los lectores comprendan mucho mejor cómo se utilizan en la realidad los términos que aparecen en este diccionario. De esta manera, si los usuarios del diccionario quieren expresarse en la otra lengua, lo podrán hacer de la forma más natural posible. En resumen, esperamos que los lectores se diviertan tanto reconociendo expresiones informales comunes del lado español-inglés del diccionario como examinando las traducciones naturales y esmeradas del lado inglés-español.

¿Qué es el argot?

"Argot" es un término que a primera vista parece fácil de definir. Pero cuando el término se examina con más detenimiento se descubre que tiene varias interpretaciones. Por ejemplo, "argot" se utiliza a menudo para referirse a la jerga de un grupo social o profesional, como los soldados, los delincuentes, o incluso los dentistas. Este tipo de argot no suele ser conocido por el público en general y no se incluye en este diccionario. Hemos escogido una interpretación más amplia de argot, entendido éste como un lenguaje de carácter informal. Este libro intenta recoger en detalle los términos informales más comunes utilizados en el inglés y el español hablados y escritos, con numerosos ejemplos que destacan los contextos más representativos. El registro de las palabras incluidas va desde lo coloquial hasta lo vulgar, pero todas ellas son palabras informales muy frecuentes que va a escuchar cualquiera que viaje al Reino Unido o a España.

Registro

El registro de una palabra se refiere al grado de informalidad de la misma. La mayoría de los diccionarios bilingües etiquetan los términos de argot como familiares, muy familiares, o vulgares. En este diccionario no se han utilizado esas etiquetas. Esto se debe a que, en la práctica, el registro de muchos términos de argot depende del contexto específico en el que se utilizan. No es nada infrecuente que la misma palabra sea familiar en algunos contextos y muy familiar o incluso vulgar en otros. En vez de adjudicar arbitrariamente a una palabra una u otra etiqueta, los autores han intentado dar traducciones que funcionan de la misma manera, es decir, que cambian de registro dependiendo del contexto al igual que lo hace el término que se está traduciendo. En los casos en los que esto no ha sido posible, se ha presentado una serie de ejemplos que muestran los diferentes usos del término, con traducciones que corresponden al registro de cada uso específico. Algunas expresiones muy vulgares van acompañadas del símbolo **[!!]**, para alertar al lector sobre el hecho de que éstas son las palabras más fuertes de la lengua, y que no se deben utilizar si no se quiere escandalizar. En los casos en los que no existe una traducción de argot se han dado traducciones de un registro neutral acompañadas de la etiqueta [*not slang*] o [*traducción neutra*].

Términos racistas, sexistas, homofóbicos, y otros términos ofensivos

Aunque los autores rechazan el uso de tales términos, es inevitable que un diccionario de argot contenga una cantidad considerable de lenguaje racista, sexista y homofóbico, así como términos ofensivos para otros grupos sociales, como las personas discapacitadas. Todos los términos de este grupo están claramente identificados, alertando a los lectores sobre el malestar que el uso de la palabra va a causar a los grupos en cuestión. En los casos en los que las traducciones no reflejan completamente los matices de uso del término en todos sus contextos, se presentan notas de uso que ofrecen información adicional sobre esas palabras.

Ayuda adicional

En la redacción y traducción de este diccionario se utilizó una metodología rigurosa para intentar garantizar que las traducciones reflejen con la mayor precisión posible el registro y uso del término que traducen. En los casos en los que nos ha parecido que ninguna traducción reflejaba adecuadamente todos los usos, hemos presentado la información que faltaba en notas de uso.

El argot es una forma de lenguaje muy fluida, y un mismo término puede ser interpretado de diferentes formas en diferentes regiones o por diferentes personas. Por eso todos los lemas, acepciones y ejemplos del diccionario aparecen acompañados de explicaciones entre paréntesis que dejan claro cuál es el significado al que se están refiriendo. La mayoría de los diccionarios bilingües sólo dan explicaciones entre paréntesis para algunos lemas y ejemplos.

Todos los insultos están claramente identificados para que los hablantes no nativos sean conscientes del peligro que conlleva la utilización de dichos términos. Los términos humorísticos e irónicos también están marcados.

Los eufemismos no sólo aparecen marcados como tales, sino que además llevan una explicación del término al que el eufemismo está reemplazando, p. ej.:

> **effing** ADJ *Eufemismo [fucking]* ...

Hemos realizado un gran esfuerzo para evitar utilizar en este diccionario abreviaturas y símbolos incomprensibles. Por razones prácticas ha sido necesario utilizar algunas abreviaturas, pero en la mayoría de los casos éstas se refieren a las categorías gramaticales. Siempre que ha sido posible, hemos intentado facilitar la consulta del diccionario escribiendo todas las palabras sin abreviar.

Hemos utilizado un completo sistema de remisiones para ayudar a que los lectores encuentren con facilidad el término que están buscando.

Nuestros amigos del otro lado del charco

El énfasis de este diccionario recae en el inglés británico y el español de España. Sin embargo, la influencia del inglés americano en los medios de comunicación hace que cada vez haya más términos americanos entendidos e incluso utilizados por hablantes británicos. Por esta razón, y también para ayudar a los lectores españoles que se encuentren con términos americanos de argot en libros, películas, etc., hemos incluido una selección de los términos de argot del inglés americano más frecuentes, así como unos pocos términos muy conocidos utilizados en otros países en los que se habla inglés.

Segunda edición

El argot se introduce en la lengua y deja de usarse a una velocidad alarmante. Todos los días se acuñan términos nuevos, y palabras que antes hacían furor ahora se quedan anticuadas. A un diccionario impreso le resulta muy difícil seguir este ritmo, ya que cuando el texto queda listo para ser publicado ya han aparecido palabras nuevas, y otras desaparecido sin dejar rastro. Esta segunda edición intenta recoger las novedades más destacadas desde la publicación del diccionario original hace cinco años. Hemos añadido un número importante de términos, expresiones y ejemplos nuevos, incluyendo usos nuevos y términos que no fueron incluidos en la primera edición por falta de espacio. La novedad de esta edición son los paneles temáticos que contienen información exhaustiva sobre áreas claves del argot, tal y como los insultos, las exclamaciones y el sexo. Esperamos que esta edición ampliada ayude a que el lector entienda mejor cómo se usan hoy el argot inglés y español.

Structure of entries
Estructura de las entradas

bog N *(toilet)* baño m *[not slang]*
bodorrio NM *(boda)* wedding *[traducción neutra]*

- *clear labelling of the cases where a slang translation does not exist*
- *se indican claramente aquellos casos en los que no se ofrece una traducción de argot*

coon [!!] N *Racista (black person)* negrata mf de mierda

- *[!!] symbol to identify the most taboo terms in the language*
- *[!!] símbolo que identifica los términos más ofensivos de la lengua*

bizcocho → **mojar**

- *comprehensive system of cross-references to help you find the phrases you are looking for*
- *completo sistema de remisiones para facilitar la búsqueda de expresiones*

effing ADJ *Eufemismo [fucking]* *(used for emphasis)* puñetero(a)

- *euphemisms clearly labelled and followed by the term they are replacing, in square brackets*
- *los eufemismos están claramente indicados y aparecen acompañados del término que reemplazan entre corchetes*

caña NF **métele caña al coche** *(fuérzalo)* put your foot down!, step on it!; **no le des tanta caña a la radio** *(no la pongas tan fuerte)* do you have to have the radio on at full blast?

- *comprehensive explanations of the meaning of all senses and phrases, to avoid ambiguity*
- *explicaciones completas de los significados de todas las acepciones y frases, para evitar la ambigüedad*

sudaca *Racist (sudamericano)* **1** ADJ
inmigrantes sudacas bloody South
American immigrants
2 NMF South American bastard; **¡eh,
sudaca, ven aquí!** oi, come over
'ere you South American twat!

bent ADJ (**a**) *Homofóbico
(homosexual)* **he's bent** es maricón

titi NF *Sexist (mujer)* bird

cretin N *Insulto (stupid person)*
mamón(ona) *m,f*

- clear labelling of racist, homophobic and sexist items, as well as insults
- *se indican claramente los términos racistas, homofóbicos y sexistas, así como los insultos*

caldo NM (**a**) **lo puso a caldo**
(criticó) she laid into him
(**b**) **cambiar el caldo al canario** o **a
las aceitunas** *Humorous (orinar)*
to do a number one

fat ADJ *Irónico* **do you expect to
get a pay rise? – huh, fat chance
(of that)** *(no chance)* ¿esperas que
te suban el sueldo? – qué va, lo llevo
claro

- humorous and ironic expressions identified
- *se señalan las expresiones humorísticas e irónicas*

zip, zippo N *US (nothing)* **we won
six to zip(po)** ganamos seis a cero
pelotero

eejit N *Irish (idiot)* gilipuertas *mf inv*;
you eejit! ¡gilipuertas!

- coverage of key American English slang terms and widely recognized terms from other parts of the world where English is spoken
- *se recogen las palabras más importantes del inglés americano así como términos muy conocidos de otros lugares del mundo de habla inglesa*

spazzy 1 N *Insulto (stupid person)* subnormal *mf*; **you spazzy!** ¡subnormal!
2 ADJ *(stupid)* subnormal

ⓘ Cuando el término **spazzy** se dirige a una persona estúpida, se considera un término ofensivo para los que sufren de una enfermedad mental.

teta 1 NF *(pecho)* boob; **tetas** boobs; **¡qué tetas más grandes tiene!** she's got massive tits; **estoy hasta las tetas de él** *(harto)* I've shagging well had it up to here with him
2 ADJ *(muy bueno)* well crucial
3 ADV *(muy bien)* **lo pasaron teta** they had a well crucial time

ⓘ The translation *boob* most closely reflects the usage of **teta** in the majority of cases, since the Spanish term is used by both men and women without usually having offensive connotations. When **teta** is used by a man in a sexist way, however, *tit* is a more appropriate translation.

- usage notes to explain subtleties that cannot be fully conveyed by a translation
- *las sutilezas de un término que no se pueden recoger en una traducción aparecen explicadas en notas de uso*

Abbreviations and Symbols
Abreviaturas y símbolos

English	Abbr.	Español
adjective	ADJ	adjetivo
adverb	ADV	adverbio
especially	*esp*	especialmente
feminine	*f*	femenino
feminine plural	fpl	femenino plural
interjection	INTERJ	interjección
invariable	*inv*	invariable
masculine	*m*	masculino
masculine or feminine in the same form	*mf*	masculino y femenino (formas idénticas)
masculine or feminine inflected in the feminine form	*m, f*	masculino y femenino (formas diferentes)
plural masculine	*mpl*	masculino plural
noun	N	nombre
feminine noun	NF	nombre femenino
plural feminine noun	NFPL	nombre femenino plural
masculine noun	NM	nombre masculino
noun that can be masculine or feminine in the same form	NMF	nombre masculino y femenino (formas idénticas)
noun that can be masculine or feminine but is inflected in the feminine from	NM, F	nombre masculino y femenino (formas diferentes)
plural masculine noun	NMPL	nombre masculino plural
plural noun	NPL	nombre plural

preposition	PREP	preposición
pronoun	PRON	pronombre
American English	*US*	inglés norteamericano
intransitive verb	VI	verbo instransitivo
reflexive verb	VPR	verbo pronominal
transitive verb	VT	verbo transitivo
inseparable transitive verb	VT INSEP	verbo transitivo inseparable
separable transitive verb	VT SEP	verbo transitivo separable
extremely offensive term	[!!]	término muy ofensivo
cross-reference	→	remisión

English–Spanish
Inglés–Español

A

ace 1 ADJ *(excellent)* chupi
2 INTERJ *(expresses pleasure)* ¡chupi!

actress N **it won't go in... as the actress said to the bishop** *(expresses double-entendre)* no consigo que entre… y no me malinterpretes, tía

-a-go-go SUFFIX **it was cocktails-a-go-go last night!** *(we had lots of cocktails)* anoche nos pusimos hasta arriba de cócteles; **there were celebs-a-go-go at the party** *(there were lots of celebrities there)* había famosos a gogó en la fiesta

airhead N *(stupid person)* cabeza *mf* de chorlito

all right → **bit**

anorak N *(boring person)* colgado(a) *m,f*; **he's a computer anorak** es un colgado obsesionado con los ordenadores

apeshit ADJ **to go apeshit** *(get angry)* agarrar un cabreo de la hostia

argy-bargy N *(quarrelling)* follón *m*; **there was a bit of argy-bargy next door last night** hubo follón en la casa de al lado ayer por la noche

army N **you and whose army?** *(expresses disbelief)* ¿ah sí? ¿vas a llamar a tu primo de Zumosol?

arse 1 N (a) *(backside)* culo *m*; **get off your arse and do some work!** ¡deja de tocarte los huevos y ponte a trabajar!; **get your arse over here!** *(come here quickly)* ¡ven aquí echando hostias!; **she kicked him** or **gave him a kick up the arse** le dio una patada en el culo; **she needs a good kick up the arse** *(needs a talking-to)* lo que le hace falta es alguien que le ponga las pilas de una puñetera vez; **it's my arse that's on the line here!** *(I'm at risk)* ¡el que se está jugando los huevos soy yo!; **to fall** or **go arse over tit** *(fall head over heels)* darse un trompazo del copón; **get your arse into gear and give me a hand!** *(get a move on)* ¡mueve el culo y ayúdame!; **I've been getting it up the arse from the boss** *(being victimized)* el jefe me está dando por saco; **they'll have my arse for this** *(punish me)* me van a meter un paquete de la hostia por esto; **he doesn't know his arse from his elbow** *(he's clueless)* no tiene ni pajolera idea; **move your arse!** *(hurry up, get out of the way)* ¡mueve el culo!; **my arse!** *(expresses disbelief)* ¡y una mierda!; **aromatherapy my arse!** *(expresses contempt)* ¡qué aromaterapia ni qué hostias!; **you couldn't see her arse for dust** *Humorístico (she left quickly)* se largó echando leches; **shift your arse!** *(hurry up, get out of the way)* ¡mueve el culo!; **(stick** or **shove it) up your arse!** *(expresses anger)* ¡vete a tomar por (el) culo!; **you can stick your job up your arse!** ¡métete el trabajo por el culo!; **we had a bloke in a Ford Fiesta right up our arse the whole way** un tío en un Ford Fiesta

arse about

vino dándonos una caña de la hostia todo el camino; **I'm up to my arse in work** *(overwhelmed)* estoy hasta el culo de trabajo → **bit, face, fuck, head, kiss, out, pain, piece, rat, screw, sun, talk**
(**b**) *Insulto* (person) tonto(a) *m,f* del culo; **he's a stupid arse** es un tonto del culo; **you stupid arse!** ¡tonto del culo!; **he made an arse of himself at the wedding** *(behaved stupidly)* quedó como un gilipollas en la boda
2 VT *(break) (machine, object)* escoñar

arse about, arse around VI *(behave foolishly, waste time)* hacer el gilipollas

arsed ADJ (**a**) *(bothered)* **do you fancy going to the cinema? – no, I can't be arsed** ¿te apetece ir al cine? – hostia, no, paso; **I can't be arsed to do it** or **doing it now** no me sale de los huevos hacerlo ahora
(**b**) *(broken)* escoñado(a)

arsehole N (**a**) *(anus)* culo *m*; **this town is the arsehole of the universe** *(unpleasant)* ésta es una ciudad de mierda
(**b**) *Insulto* (contemptible man) gilipollas *m inv*; **he's an utter arsehole** es un auténtico gilipollas; **what an arsehole!** ¡qué gilipollas!; **you arsehole!** ¡gilipollas!; **you fucking arsehole!** [!!] ¡gilipollas de mierda!

arse-licker N *(sycophant)* lameculos *mf inv*

arse up VT SEP *(make a mess of)* cagar; **to arse it up** cagarla

ass N *US (backside)* culo *m*; **get off your ass and do some work!** ¡deja de tocarte los huevos y ponte a trabajar!; **get your ass over here!** *(come here quickly)* ¡ven aquí echando hostias!; **to give somebody a kick in the ass** darle una patada en el culo a alguien; **it's my ass that's on the line here!** *(I'm at risk)* ¡el que se está jugando los huevos soy yo!; **get your ass in gear and give me a hand!** *(get a move on)* ¡mueve el culo y ayúdame!; **they'll have my ass for this** *(punish me)* me van a meter un paquete de la hostia por esto; **he doesn't know his ass from his elbow** *(he's clueless)* no tiene ni pajolera idea; **move your ass!** *(hurry up, get out of the way)* ¡mueve el culo!; **my ass!** *(expresses disbelief)* ¡y una mierda!; **to be on somebody's ass** *(hassling)* dar el coñazo a alguien; **if you don't pay up they'll get their lawyers on your ass** *(send them after you)* si no pagas, te las vas a tener que ver con sus abogados; **I was just kidding, don't get all PC on my ass!** *(don't start being political with me)* te estaba vacilando, no me vengas a dar el coñazo con la corrección política; **shift your ass!** *(hurry up, get out of the way)* ¡mueve el culo!; **they oughta fire his sorry ass!** *(they should sack him)* deberían ponerle en la puta calle por inútil; **(stick** or **shove it) up your ass!** *(expresses anger)* ¡vete a tomar por (el) culo!; **you can stick your job up your ass!** ¡métete el trabajo por el culo!; **I'm up to my ass in work** *(overwhelmed)* estoy hasta el culo de trabajo → **bit, fuck, haul, head, kick, kiss, out, pain, piece, rat, screw, talk**

awesome 1 ADJ *(very good)* alucinante
2 INTERJ *(expresses approval)* ¡alucinante!

AWOL ADJ *Humorístico* **my dad goes AWOL whenever it's time to do the washing-up** *(disappears)* a la hora de fregar los platos mi padre siempre se abre; **my calculator seems to have gone AWOL again** *(disappeared)* ya se me ha vuelto a esfumar la calculadora

B

babe N (**a**) *(attractive woman)* bombón *m*; **check out those babes over there** colega, fíjate en esas tías tan buenas; **babe magnet** *(attractive man, car)* imán para las tías
(**b**) *(attractive man)* guaperas *m inv*
(**c**) *Sexista (form of address)* nena *f*

backside → **pain**

bad 1 ADJ (**a**) *(good)* brutal; **hey, that's bad, man!** ¡qué brutal, tío!
(**b**) *(not good)* **her boyfriend's bad news** ese novio suyo es un mal bicho; **that company's bad news** esa empresa es chunga
2 ADV **he's got it bad for her** está colgado de ella

badass ADJ *esp US* (**a**) *(good)* brutal
(**b**) *(tough)* **her husband's some badass Mob guy** su marido es un mafioso peligroso

bad hair day N *(difficult day)* **I'm having a bad hair day** hoy me está saliendo todo de pena

bag 1 N (**a**) *Insulto (woman)* **she's a bag** *or* **an old bag** es una bruja; **you (old) bag!** ¡bruja!
(**b**) *(scrotum)* huevera *f*
2 NPL **he's got bags of money/talent** *(a lot)* tiene dinero/talento por un tubo
3 VT **she's bagged herself a gorgeous boyfriend** *(got herself one)* se ha agenciado un novio guapísimo

ball VT **to ball somebody** *(have sex with)* trajinarse a alguien

ballistic ADJ **to go ballistic** *(get angry)* agarrar un cabreo brutal

balls 1 NPL (**a**) *(testicles)* huevos *mpl*; **we've been breaking** *or* **busting our balls to finish on time** *(working hard)* hemos trabajado como (unos) cerdos para acabar a tiempo; **she's been breaking** *or* **busting my balls about always arriving late** *esp US (nagging me)* me ha estado dando el coñazo por llegar siempre tarde; **they've got us by the balls** *(in a difficult position)* nos tienen cogidos por los huevos
(**b**) *(nonsense)* **what he said is complete and utter balls** lo que dijo es una mentira del copón; **stop talking balls!** ¡deja de decir gilipolleces!; **that's a load of (old) balls!** ¡gilipolleces!
(**c**) *(courage)* huevos *mpl*; **to have the balls to do something** tener huevos para hacer algo; **his balls are bigger than his brains** es el típico macho que tiene que demostrar que tiene un par de huevos
(**d**) *(mess)* **to make a balls of something** cagar algo
2 INTERJ *(expresses irritation)* ¡leche!; *(expresses disbelief)* ¡y un huevo!; **balls to that!** ¡y un huevo!; **balls to you!** ¡que te den!

balls up VT SEP *(make a mess of)* cagar

balls-up N *(mess)* cagada *f*; **to make a balls-up of something** cagar algo; **I made a real balls-up**

bang

of trying to tell her I loved her intenté decirle que la amaba pero la cagué

bang 1 N (**a**) *(sex)* **to have a bang** joder
(**b**) *esp US (enjoyment)* **he gets a bang out of seeing other people suffer** se lo pasa pipa viendo cómo otros sufren
2 VT (**a**) *(have sex with)* **he banged her** se la pasó por la piedra; **to bang somebody's brains out** pegarse una follada de la hostia con alguien
(**b**) **he was banging the bishop** *(masturbating)* se la estaba pelando
3 VI *(have sex)* joder
4 ADV **bang go my chances of getting the job!** *(I've no chance)* ahora sí que no consigo el trabajo ni de cola

bang on VI *(talk boringly and repetitively)* **to bang on (about something)** dar la barrila (con algo)

barf *esp US* **1** N *(vomit)* pota *f*
2 VI *(vomit)* potar
3 INTERJ ¡puaj!

barking ADJ *(mad)* **to be barking (mad)** estar majara

bastard 1 N (**a**) *Insulto (nasty man)* cabrón *m*; **he's a right bastard to his wife** se porta con su mujer como un cabronazo; **you bastard!** ¡cabrón!; **you bloody bastard!** ¡cabronazo de mierda!; **you fucking bastard![!!]** ¡hijo de puta!
(**b**) *(any man)* cabroncete *m*; **he's a clever/big bastard** ¡qué listo/grande es el cabroncete!; **some bastard nicked my pen** algún cabroncete me ha chorizado el boli; **you jammy bastard!** ¡hostia, qué potra!; **what a stupid bastard!** ¡qué mamón!; **all right, you old bastard?** *(greeting)* ¿qué tal, cabroncete?
(**c**) *(difficult thing)* **this sum's a real bastard** esta suma es puñetera; **this door's a bastard to open** no hay quien abra esta puñetera puerta
(**d**) *(unpleasant situation)* **his wife left him – what a bastard!** le dejó su mujer – ¡qué putada!
2 ADJ **I can't get the bastard lid off** la puta tapa no quiere abrirse

batty boy → **botty boy**

bear N **is she likely to accept? – do bears shit in the woods?** *Humorístico (of course)* ¿crees que aceptará? – ¿y a ti qué te parece? *[not slang]*

> (i) **Do bears shit in the woods?** (¿cagan en el bosque los osos?) es una de esas preguntas retóricas que se usan en tono sarcástico para responder a una pregunta cuya respuesta te parece obvia. **Is the Pope Catholic?** (¿es católico el Papa?) es otra alternativa frecuente. Existen algunas variantes menos usuales, como **Do fat babies fart?** (¿se tiran pedos los bebés gordos?) o **Do fish swim?** (¿los peces nadan?). Mucha gente inventa sus propias expresiones basándose en esta estructura, usando cualquier pregunta retórica cuya respuesta les parece obvia, como por ejemplo **Is Big Brother shite?** (¿es una mierda el Gran Hermano?).

beefcake N (**a**) *(attractive man)* tío *m* cachas
(**b**) *(attractive men)* tíos *mpl* cachas; **check out the beefcake by the pool!** ¡mira qué tíos más cachas hay al borde de la piscina!

bell-end N (**a**) *(tip of the penis)* punta *f* del capullo
(**b**) *Insulto (stupid person)* capullo *m*; **you bell-end!** ¡capullo!

bend → **round**

bender N (**a**) *Homofóbico (homosexual)* maricón *m*
(**b**) **to go on a bender** *(go drinking)* salir a trincar

bitch

bent ADJ (**a**) *Homofóbico (homosexual)* **he's bent** es maricón; **he's as bent as a three pound note** es maricón perdido (**b**) *(criminal)* **a bent copper** un poli corrupto

berk N *Insulto (stupid man)* tonto *m* del haba; **I felt a right berk** quedé como un merluzo; **shut up, you (stupid) berk!** ¡cállate, tonto del haba!

bevvied ADJ *(drunk)* **to be bevvied** ir tajado(a); **to get bevvied** tajarse

bevvy N *(drink)* **I went down the pub for a few bevvies with my mates** fui al bar a privar con los amigos

bible basher N *(evangelist)* **he's a bible basher** va dando la vara a todo el mundo intentando que se convierta

big ADJ (**a**) *Irónico (generous)* **that's big of you!** ¡los he visto más generosos! (**b**) *(phrases)* **I passed my exam – big deal! I passed mine ages ago** he aprobado el examen – pues no es para tanto, yo aprobé el mío hace siglos; **she gave him the big E** *(left him)* lo dejó plantado; **she's a big girl** *(has large breasts)* es una tía pechugona; **don't be such a big girl's blouse!** *(wet)* ¡no seas soseras!; **he's a big shot in the party** *(important)* es uno de los peces gordos del partido; **they've messed up big time** *(badly)* la han fastidiado bien fastidiada; **she fancies him big time** *(a lot)* está loquita por él; **he's into chess in a big way** *(seriously)* está pirado por el ajedrez; **he's the big white chief** *(person in charge)* es el mandamás → **one**

big up VT SEP **big it up for our next guest** *(applaud)* un fuerte aplauso para nuestro siguiente invitado *[not slang]*; **big it up for my main man Darren who saved our lives** *(expresses acclaim)* un aplauso bestial para mi colega Darren que nos salvó la vida; **big it up for companies that promote equal opportunities** *(they deserve credit)* chapó para las empresas que promueven la igualdad de oportunidades; **to big something up** *(hype it)* dar mucho bombo a algo; **ministers were bigging the town up as the venue for the next Olympics** *(hyping it)* los ministros estaban promocionando la ciudad a lo bestia como sede ideal de los próximos Juegos Olímpicos

Bill N **the (old) Bill** *(police)* la poli

bimbo N *(woman)* **his girlfriend's a right bimbo** su novia está buena, pero mira que es tonta

bird N (**a**) *Sexista (woman)* titi *f* (**b**) *Sexista (girlfriend)* titi *f*

bishop → **actress, bang**

bit N **she's/he's a bit of all right** *(attractive)* está como un tren; **he was with a gorgeous bit of fluff** *or* **stuff** *or* **skirt** *Sexista (woman)* estaba con una chorba que te cagas; **a bit of arse** *or* US **ass** *Sexista (woman)* una cordera; **he's got a bit on the side** *(a lover)* tiene un rollo con alguien → **crumpet**

bitch N (**a**) *Insulto (nasty woman)* cerda *f*; **she was a real bitch to me** se portó conmigo como una cerda; **you bitch!** ¡cerda!; **you stupid bitch!** *(as general insult)* ¡cabrona!; **you fucking bitch!** [!!] ¡hija de puta!
(**b**) *(woman)* jaca *f*; **she's a clever bitch** ¡qué lista es la jodida!; **you jammy bitch!** ¡hostia qué potra!; **the poor bitch broke her leg** qué putada, la pobre tía se partió la pierna; **what a stupid bitch!** ¡qué mamona!

bitchin

(**c**) *Sexista (girlfriend)* cordera f
(**d**) *(subordinate man)* **he's my bitch** es mi perrito faldero
(**e**) *(difficult thing)* **this sum's a real bitch** esta suma es puñetera; **this door's a bitch to open** no hay quien abra esta puñetera puerta

bitchin ADJ *esp US (excellent)* total

bite VT *US* **bite me!** *(get stuffed)* ¡vete a la mierda!

biz N **this digital camera is the biz** *(really good)* esta cámara digital es demasiado

bladdered ADJ *(drunk)* **to be bladdered** llevar una tajada; **to get bladdered** cogerse una tajada

blast 1 N *esp US (great time)* **how was the party? – it was a blast** ¿qué tal estuvo la fiesta? – fue la monda; **we had a blast** lo pasamos de miedo; **he gets a blast out of seeing other people suffer** *(enjoys it)* se lo pasa pipa viendo cómo otros sufren
2 EXCLAM ¡maldita sea!

bleeding 1 ADJ *(for emphasis)* **he's a bleeding idiot** es tonto de remate; **it's a bleeding pain in the neck** es un auténtico peñazo; **bleeding hell** *or* **heck!** *(expresses annoyance, shock)* ¡ostras!
2 ADV *(for emphasis)* **the film was bleeding awful** la película fue una patata; **don't be so bleeding stupid** no seas tan merluzo; **there was a bleeding great hole in the bottom** había un agujero de campeonato en el fondo; **no bleeding way am I doing that!** ¡no lo pienso hacer ni loco!; **too bleeding right!** ¡ya lo creo que sí!; **you'd bleeding well better do what I say!** ¡como no me hagas caso te la vas a cargar!

bling, (bling) 1 N (**a**) *(ostentatious jewellery)* joyas fpl [not slang]
(**b**) *(car trims)* cromados mpl

2 ADJ *(cool)* tope guay
3 VT **to bling bling it** *(wear ostentatious jewellery)* ir cubierto de joyas

blink N **the telly's on the blink again** ya está la tele jorobando otra vez

blinking 1 ADJ *(for emphasis)* **he's a blinking idiot** es tonto de remate; **it's a blinking pain in the neck** es un auténtico latazo; **blinking hell** *or* **heck!** *(expresses annoyance, shock)* ¡joroba!
2 ADV *(for emphasis)* **the film was blinking awful** la película fue una patata; **no blinking way am I doing that!** ¡no lo pienso hacer ni loco!; **you'd blinking well better do what I say!** ¡como no me hagas caso te la vas a cargar!

block N **she's off her block** *(crazy)* está como una chota

bloke N *(man)* tío m; **he's a good bloke** es un tío legal

bloody 1 ADJ *(for emphasis)* **the bloody car won't start** este coche de la leche no quiere arrancar; **he's a bloody bastard** es un cabrón de mierda; **you bloody idiot!** ¡tonto del haba!; **I can't hear a bloody thing** no oigo un carajo; **it's a bloody pain in the neck** es un coñazo; **bloody hell** *or* **heck!** *(expresses annoyance, surprise)* ¡hostia!; **who the bloody hell does she think she is?** ¿quién leches se ha pensado que es?; **bloody Nora!** *(expresses surprise)* ¡hostias en vinagre!
2 ADV *(for emphasis)* **the film was bloody good/awful** la película fue cojonuda/una mierda; **we had a bloody marvellous time** lo pasamos de puta madre; **it's bloody freezing** hace un frío de la hostia; **we were bloody lucky** tuvimos una suerte de la hostia; **don't be so bloody**

boner

stupid no seas tan mamón; *Irónico* **that's bloody brilliant, now what do we do?** de puta madre, ¿ahora qué hacemos?; **a bloody great lorry** un camión de la hostia; **you did bloody well** lo hiciste de puta madre; **you'd bloody well better do what I say!** ¡como no me hagas caso te va a caer una de la hostia!; **no bloody way am I doing that!** ¡ni de coña voy a hacerlo!; **are you going? – not bloody likely!** ¿vas a ir? – ¡ni de coña!; **too bloody right!** ¡hostia, ya lo creo!

blooming 1 ADJ *(for emphasis)* **he's a blooming idiot** es tonto de remate; **it's a blooming pain in the neck** es un auténtico latazo; **blooming hell** *or* **heck!** *(expresses annoyance, surprise)* ¡joroba!
2 ADV *(for emphasis)* **the film was blooming awful** la película fue una patata; **no blooming way am I doing that!** ¡no lo pienso hacer ni loco!; **you'd blooming well better do what I say!** ¡como no me hagas caso te la vas a cargar!

blotto ADJ *(drunk)* **to be blotto** ir trompa; **to get blotto** agarrar una cogorza

blow 1 VT (**a**) *(ruin)* **that's blown it!** ¡ahora sí que la hemos fastidiado!
(**b**) *(spend)* fundirse; **he blew all his savings on a holiday** se fundió todos sus ahorros en unas vacaciones
(**c**) *(fellate)* **she was blowing him** se la estaba comiendo; **blow me!** ¡cómemela!
(**d**) *(phrases)* **to blow chunks** *(vomit)* echar la papa; **it blows chunks** *(it's really terrible)* es un truño que te cagas
2 VI *(be terrible)* ser un truño
3 N (**a**) *(cannabis)* mandanga *f*
(**b**) *US (cocaine)* perico *m*

blow job N *(fellatio)* mamada *f*; **she gave him a blow job** le hizo una mamada

bog N *(toilet)* baño *m* *[not slang]*; **I need to go to the bog** necesito mear/cagar; **bog roll** *(toilet paper)* papel de váter

bogey N *(piece of mucus)* moco *m* *[not slang]*

bog off INTERJ *(go away)* ¡vete al pedo!

bog-standard ADJ *(ordinary)* normalucho(a)

bollocking N *(telling-off)* **the teacher gave me a bollocking** el profe me echó una bronca del copón; **we got a bollocking** nos echaron una bronca del copón

bollocks 1 NPL (**a**) *(testicles)* cojones *mpl* → **dog**
(**b**) *(nonsense)* gilipolleces *fpl*; **what he said is complete and utter bollocks** lo que dijo es una mentira del copón; **stop talking bollocks!** ¡deja de decir gilipolleces!; **that's a load of (old) bollocks!** ¡gilipolleces!; **their new record is (utter** *or* **a load of) bollocks** *(bad)* su último disco es una cagada
2 N *(mess)* **to make a bollocks of something** cagar algo
3 INTERJ *(expresses irritation)* ¡mierda!; *(expresses disbelief)* ¡y una mierda!; **she's getting married – bollocks she is!** *or* **is she bollocks!** se va a casar – ¡y una mierda!; **he wants us to work all weekend – bollocks to that!** quiere que trabajemos todo el fin de semana – ¡y una mierda!; **bollocks to you!** ¡que te den!

bonce N *(head)* tarro *m*; **use your bonce!** *(use your common sense)* ¡usa el tarro!

bone VT *esp US (have sex with)* **did you bone her?** ¿te la trajinaste?

boner N *(erection)* **he got a boner** se le empalmó; **he had a boner** estaba empalmado

bonk

bonk 1 N *(sex)* polvo *m*; **to have a bonk** echar *or* pegar un polvo
2 VT *(have sex with)* **did you bonk him?** ¿echasteis un polvo?; **to bonk somebody's brains out** pegarse un polvo alucinante con alguien
3 VI *(have sex)* **the neighbours were bonking all night** los vecinos estuvieron follando toda la noche

bonkers ADJ *(crazy)* pirado(a); **it's driving me bonkers** *(annoying me)* me está volviendo majara; **he went bonkers** *(got angry)* cogió un cabreo tremendo

boob N *(breast)* teta *f*; **boobs** tetas

boogie 1 N *(dance)* **I fancy a boogie tonight** esta noche me apetece ir a mover el esqueleto; **to have a boogie** mover el esqueleto
2 VI *(dance)* mover el esqueleto; **let's boogie on down!** ¡a mover el esqueleto!

boost VT *US (steal)* mangar

booty N (**a**) *(woman's bottom)* culo *m*; **she was shaking her booty** *(dancing)* estaba moviendo el culo
(**b**) *Sexista (sex)* **to get some booty** mojar el churro

bootylicious ADJ *(physically attractive)* macizorro(a)

booze 1 N *(alcohol)* priva *f*; **have you been on the booze?** ¿has estado privando?
2 VI *(drink)* privar; **to go boozing** salir a privar

boozer N (**a**) *(pub)* bareto *m*
(**b**) *(person)* **he's a bit of a boozer** le da bastante a la priva

booze-up N *(party)* **to have a booze-up** organizar una fiesta con mogollón de priva

bop 1 N (**a**) *(dance)* **to have a bop** mover el esqueleto
(**b**) *(disco)* disco *f*
2 VI *(dance)* mover el esqueleto

bore → **shit, shite, shitless**

bored → **shitless**

bo selecta INTERJ (**a**) *(expresses approval)* ¡mola mazo!
(**b**) *(expresses annoyance)* ¡qué chungo!

bottle 1 N (**a**) **she's been on the bottle again** *(drinking excessively)* le ha estado dando a la botella otra vez
(**b**) *(nerve)* **she showed a lot of bottle** actuó con una calma alucinante; **will he have the bottle to tell her?** ¿tendrá lo que hay que tener para decírselo?; **he lost his bottle** le entró el miedo en el cuerpo
2 VT *(mess up)* **she needed one game to win the title, and she bottled it** necesitaba un juego para ganar el campeonato, y la fastidió

bottle out VI *(pull out)* rajarse; **he bottled out of asking her out** le iba a pedir salir pero se rajó

botty boy N *Homofóbico (homosexual)* bujarra *m*

ⓘ El término **botty boy** viene del argot jamaicano, y por eso se pronuncia **batty boy**, que es como lo pronuncian los jamaicanos.

box N (**a**) *(woman's genitals)* chumino *m*
(**b**) *(phrases)* **to be out of one's box** *(drunk)* ir bolinga

brains → **bang**

brass 1 N *(money)* guita *f*
2 ADJ **it's brass monkeys out there** *(cold)* hace una rasca increíble ahí fuera

brassed off ADJ *(annoyed)* quemado(a); **I get really brassed off seeing him sit around doing nothing all day long** me da cien patadas que esté todo el día sentado sin hacer nada

bread N *(money)* guita *f*

break → balls

brick
1 N → **shit, short**
2 ADJ **he's built like a brick shithouse** *(strong)* es un cachas de la hostia
3 VT **I was bricking it all the way home** *(terrified)* llevé una cagalera encima durante todo el camino de vuelta

broad
N *esp US* (**a**) *Sexista (woman)* titi *f*
(**b**) *(prostitute)* zorra *f*

browned off
ADJ *(annoyed)* quemado(a); **I get really browned off seeing him sit around doing nothing all day long** me da cien patadas que esté todo el día sentado sin hacer nada

buff
N **to be in the buff** *(naked)* estar en pelota picada

bugger
1 N (**a**) *(person)* **he's a clever/big bugger** ¡qué listo/grande es el cabroncete!; **some bugger nicked my pen** algún bandarra me ha chorizado el boli; **she's a cheeky bugger** tiene una jeta que acojona; **don't be such a daft bugger!** ¡no seas berzotas!; **you jammy bugger!** ¡eres un suertudo de la leche!; **the little buggers have eaten all the cake** los muy gamberros se han comido la tarta → **silly**
(**b**) *Insulto (nasty person)* cerdo(a) *m,f*; **you bugger!** ¡bandarra!
(**c**) *(difficult thing)* **this sum's a real bugger** esta suma es chunga; **this door's a bugger to open** no hay quien abra esta puñetera puerta; **it's a real bugger having to get up so early** es muy chungo tener que madrugar tanto
(**d**) *(phrases)* **you've done bugger all today** *(nothing)* hoy has estado tocándote los huevos; **we got bugger all help from them** *(none)* ¿ayuda? ¡una mierda de ayuda nos dieron!; **I got bugger all for my efforts** *(nothing)* no me dieron ni un carajo por mis esfuerzos; **I don't** or **couldn't give a bugger what they think!** *(don't care)* ¡me importa un carajo lo que piensen!
2 VT (**a**) *(break) (machine, object)* chingar
(**b**) *(injure)* **I buggered my back playing tennis** me escoñé la espalda jugando al tenis
(**c**) *(ruin) (plan, hopes)* cagar
(**d**) *(exhaust)* **running the London Marathon totally buggered me** el maratón de Londres me dejó hecho una mierda
(**e**) *(forget)* **bugger the consequences, let's just do it** al carajo con las consecuencias, vamos a hacerlo
(**f**) *(phrases)* **bugger it!** *(expresses annoyance)* ¡leche!; **bugger it, I've had enough of waiting around, I'm off** a tomar por saco, ya me he cansado de esperar, me voy; **bugger me!** *(expresses surprise)* ¡hostia!; **they want us to work at the weekend – bugger that!** *(no way)* quieren que trabajemos el fin de semana – ¡y una hostia!; **I think you're being stupid – well bugger you, then!** no seas tan imbécil – ¡que te den!
3 INTERJ *(expresses annoyance)* ¡leche!

bugger about, bugger around
1 VT SEP *(waste time of)* vacilar; **I'm fed up of being buggered about by this airline** estoy harto de cómo me vacilan en esta compañía aérea
2 VI *(mess around)* hacer el gilipollas

buggered
ADJ (**a**) *(broken)* **the washing machine's buggered** se ha descojonado la lavadora
(**b**) *(tired)* hecho(a) una mierda
(**c**) *(in trouble)* **we're really buggered now!** ¡ahora sí que la hemos cagado!
(**d**) *(phrases)* **well I'll be buggered!**

bugger off

(expresses surprise) ¡anda la hostia!; **I'm buggered if I know!** *(I don't know)* ¡y yo qué hostias sé!; **I'm buggered if I'm going to help them!** *(I'm not going to)* ¡no les pienso ayudar ni de coña!

bugger off 1 VI *(go away)* **he buggered off halfway through the afternoon** se las piró a media tarde
2 INTERJ *(go away)* ¡vete a cascarla!; *(expresses disbelief, refusal)* ¡vete a cascarla!

bugger up VT SEP *(make a mess of)* cagar

bullshit 1 N *(nonsense)* gilipolleces *fpl*; **what he said is complete and utter bullshit** lo que dijo es una mentira del copón; **stop talking bullshit!** ¡deja de decir gilipolleces!; **that's a load of (old) bullshit!** ¡gilipolleces!
2 VT *(lie to)* **don't bullshit me!** ¡no me intentes colar esa trola!
3 VI *(talk nonsense)* decir gilipolleces
4 INTERJ *(expresses disbelief)* ¡y un huevo!

bullshitter N **(a)** *(liar)* trolero(a) *m,f*; **you bullshitter!** ¡eres un trolero del copón!
(b) *(person who talks nonsense)* **you're such a bullshitter!** ¡no dices más que gilipolleces!

bum 1 N *(bottom)* trasero *m*
2 ADJ *(bad)* chungo(a)
3 VT **(a)** *(scrounge)* **she's always bumming fags off me** siempre me está gorroneando pitillos
(b) *Homofóbico (have anal sex with)* **I found him bumming his boyfriend** me lo encontré dándole por (el) culo a su novio
4 INTERJ *(expresses annoyance)* ¡jolín!

bummed off, bummed out
ADJ *(annoyed)* cabreado(a); **I'm really bummed off** *or* **out about what she said** lo que dijo me sentó como una patada en los huevos; **she's bummed off** *or* **out with her boyfriend** está cabreada con su novio

bummer N *(unpleasant situation)* **it's a real bummer having to get up so early** madrugar tanto es una putada; **my girlfriend left me – what a bummer!** me dejó la novia – ¡qué putada!

bunk off 1 VT INSEP *(not attend)* **to bunk off school** hacer pellas
2 VI *(from school)* hacer pellas

buns NPL *esp US (buttocks)* trasero *m*

bush N *(woman's pubic hair)* felpudo *m*

business N **right, we're in business** *(ready to start)* hala pues, listos; **my new camera is the business** *(really good)* mi nueva cámara es una virguería; **has the dog done its business yet?** *Eufemismo (defecated)* ¿ya ha hecho sus necesidades el perro?; **did you do the business (with her)?** *(have sex)* ¿lo hicisteis?

bust → **balls**

butcher's N *(look)* **to have a butcher's (at something)** echar un vistazo (a algo) *[not slang]*

butt N *esp US (bottom)* culo *m*; **get your butt over here!** ¡ven aquí a todo meter! → **kick, pain**

buy VT **do you think they'll buy it?** *(believe it)* ¿crees que se lo tragarán?; **he bought it a while ago** *(died)* la palmó hace un tiempo

C

can N US (**a**) *(toilet)* baño *m* *[not slang]*
(**b**) *(prison)* **to be in the can** estar en chirona

cathouse N US *(brothel)* burdel *m* *[not slang]*

chat up VT SEP *(flirt with)* ligar con

chav N *(casual)* bakala *mf*

ⓘ Los **chavs** son el equivalente británico de los *bakalas* y, como éstos, son fácilmente reconocibles por la ropa que visten. Cualquier **chav** que se precie tiene que llevar puesta una gorra de béisbol, una camiseta de marca, zapatillas blancas, cadenas y joyas de oro llamativas, y cualquier cosa que tenga la marca Burberry. Les gusta el rap, la música negra, y el bakalao, tienen perros agresivos, como los pitbull, y los teléfonos móviles parecen ser una extensión de su cuerpo. Cuando no están llamando por teléfono es porque están pegándose con alguien. En Escocia a los **chavs** les llaman **neds**.

cheapo **1** N *(mean person)* roña *mf*
2 ADJ *(cheap)* cutre

check VT *(look at)* **check those babes over there** ¡no te pierdas esos pibones!; **hey, check these trainers!** fíjate en esas zapatillas, ¡molonas!

check out VT SEP *(look at)* **check out those babes over there** colega, fíjate en esas tías tan buenas; **hey, check out these trainers!** ¡eh, mira qué zapatillas más molonas!

cheers INTERJ (**a**) *(thank you)* gracias *[not slang]*; **let me give you a hand – cheers, mate!** deja que te ayude – gracias, tío
(**b**) *(goodbye)* ¡chao!

cheesed off ADJ *(annoyed)* **I'm really cheesed off about what she said** estoy muy mosqueado por lo que dijo; **she's cheesed off with her boyfriend** está mosqueada con su novio

chick N *Sexista (woman, girlfriend)* titi *f*

chicken **1** N *(coward)* gallina *mf*
2 ADJ *(cowardly)* **don't be chicken** no seas gallina

chicken out VI *(back out)* rajarse; **he chickened out of going on the rollercoaster** se rajó y no se subió a la montaña rusa

chief → **big**

chill VI (**a**) *(relax)* relajarse *[not slang]*
(**b**) *(hang out)* **what are you doing here? – just chilling** ¿qué haces por aquí? – pues nada, pasando el rato

chill out VI (**a**) *(relax)* relajarse *[not slang]*; **I was chilling out to some music** estaba tranqui escuchando música; **hey, chill out, man!** *(calm down)* ¡tranqui, tío!
(**b**) *(hang out)* **what are you doing here? – just chilling out** ¿qué haces

Chinky

por aquí? – pues nada, ya lo ves

Chinky N *Racista* (**a**) *(Chinese person)* [!!] chino(a) *m,f* de mierda (**b**) *(Chinese restaurant)* chino *m [not slang]* (**c**) *(Chinese meal)* comida *f* china *[not slang]*; **to go for a Chinky** comer comida china

chopper N *(penis)* cipote *m*

Christ NTERJ *(expresses annoyance, surprise, relief)* ¡Dios!; **Christ Almighty!** *(expresses annoyance, surprise, relief)* ¡la Virgen!; **for Christ's sake!** *(expresses annoyance)* ¡hostia! **for Christ's fucking sake!** *(expresses annoyance)* ¡hostia puta!; **Christ on a bike** *or* **crutch!** *Humorístico (expresses annoyance, surprise, relief)* ¡la Virgen del copón bendito!

ⓘ Hay que tener cuidado al usar expresiones con la palabra Christ. Aunque para mucha gente esas expresiones son normales, a algunas personas creyentes les parecen bastante fuertes.

---

chronic ADJ *(very bad)* patatero(a)

chuck VT (**a**) *(throw)* tirar; **can you chuck us the keys?** ¿me tiras las llaves?
(**b**) *(end relationship with)* cortar con

chuck down VT SEP **it was chucking it down** *(raining)* estaba diluviando

chuck in VT SEP *(job, studies)* mandar a paseo

chuffed ADJ *(pleased)* **I was really chuffed with my present** el regalo me alucinó; **I was really chuffed about her getting the job** me alegró cantidad que consiguiera el trabajo

ciggie, ciggy N *(cigarette)* piti *m*

city N *(indicates abundance)* **that area's yuppie city** esa zona es yupilandia; **her apartment was barf city** *esp US (revolting)* su piso era de lo más cutre

clap N **the clap** *(gonorrhoea)* gonorrea *f [not slang]*; **she's got (a dose of) the clap** tiene gonorrea

clapped-out ADJ *(car, machine)* destartalado(a) *[not slang]*; **she drives a clapped-out old car** su coche es una cafetera

cleverclogs, cleverdick N *(person who thinks they are clever)* listillo(a) *m,f*

clit N *(clitoris)* pepita *f*

cock N *(penis)* polla *f*

cocksucker [!!] *Insulto* N *(contemptible man)* cabronazo *m* de mierda

cock up 1 VT SEP *(mess up)* cagar **2** VI *(mess up)* cagarla; **he's gone and cocked up again** ha vuelto a cagarla

cock-up N *(mess)* cagada *f*; **what a cock-up!** ¡qué cagada!; **to make a cock-up of something** cagar algo

come 1 N *(semen)* leche *f* **2** VT **don't come it with me, son!** *(stop being rude)* ¡no te pases de listo, chaval! **3** VI (**a**) *(have orgasm)* correrse (**b**) **come again?** *(pardon?)* ¿qué?; *(you must be joking!)* ¿qué dices?

commando N **to go commando** *(not wear any knickers)* no llevar bragas *[not slang]*; *(not wear any underpants)* no llevar calzoncillos *[not slang]*

con 1 N (**a**) *(swindle)* engañabobos *m inv*; **it's a con, they promised me I could have a month's holiday!** menudo camelo, ¡me prometieron un mes de vacaciones y ahora no me lo dan!

(**b**) *(prisoner)* preso(a) *m,f* [not slang]
2 VT *(deceive)* camelar; **they conned him into leaving them all his money** lo camelaron para que les dejara todo el dinero; **they conned me out of £20** me camelaron veinte libras

conk N *(nose)* napias *fpl*

conk out VI (**a**) *(stop working)* escacharrarse
(**b**) *(fall asleep)* quedarse sobado(a)
(**c**) *US (die)* **he conked out** la palmó

cool 1 ADJ (**a**) *(trendy)* guay; **it's not very cool to smoke pot any more** ya no mola fumar maría; **he's a cool dude** es un tío guay
(**b**) *(good)* guay, molón(ona); **that's really cool!** ¡qué guay!, ¡mola!; **it's cool runnings** *(everything's fine)* todo guay
(**c**) *(not concerned)* **I'm cool about that** por mí, guay; **I told my mother I'm gay and she was cool about it** le dije a mi madre que soy gay y se lo tomó superbién
(**d**) *(acceptable)* **don't worry, it's cool** tranqui, no hay problema; **is it cool to smoke a joint?** ¿me podría fumar un porro?
(**e**) *(not carrying drugs)* **I'm cool** no llevo material
2 VT **cool it!** *(calm down)* ¡tranqui!
3 INTERJ *(great)* ¡guay!, ¡mola!

coon [!!] N *Racista (black person)* negrata *mf* de mierda

cop 1 N (**a**) *(police officer)* poli *mf*; **the cops** la poli; **a cops and robbers film** una peli de polis y cacos
(**b**) *(phrases)* **it wasn't much cop** *(wasn't very good)* no fue nada del otro jueves; **it's a fair cop** *(I can't complain about being caught)* me has pescado bien pescado
2 VT *(get)* **I copped a beating from my dad** mi padre me zumbó; **cop hold of this end of the rope** pilla este extremo de la cuerda; **he copped it** *(died)* la palmó; **we'll cop it from the teacher if she finds out** *(get in trouble)* como se entere la profe nos la vamos a cargar; **cop a load of this!** *(look at this)* ¡eh, tío, mira!; *(listen to this)* ¡eh, tío, escucha!; **to cop some Zs** *esp US (have a nap)* echar una siestecilla

cop out VI *(back out)* rajarse; **he copped out of asking her to dance** se rajó y no se atrevió a pedirle bailar

cop-out N *(cowardly decision)* escaqueo *m*

copper N *(police officer)* poli *mf*

cop shop N *(police station)* comisaría *f* [not slang]

couch potato N *(person who watches too much TV)* **he's a couch potato** está todo el día apalancado delante de la tele

cough up 1 VT SEP (**a**) *(pay)* apoquinar
(**b**) *(vomit)* **I coughed my guts up** poté a lo bestia
2 VI *(pay up)* soltar la pasta; **we had to cough up for a new fridge** tuvimos que soltar la pasta para comprar una nueva nevera

count → **out**

cow N (**a**) *Insulto (nasty woman)* bruja *f*; **she's a cow to her sister** se porta como una bruja con su hermana; **you (old) cow!** ¡bruja!; **she's a miserable old cow** es una bruja asquerosa; **you stupid cow!** ¡mamona!
(**b**) *(woman)* **she's a clever cow** ¡qué lista es la puñetera!; **some cow nicked my pen** alguna mamona me ha chorizado el boli; **look at that fat cow over there!** ¡mira a esa vaca gorda!; **you jammy cow!** ¡hostia qué potra!; **the poor cow broke her leg** qué putada, la pobre tía se ha partido la pierna; **don't be such a**

crabby

silly cow! ¡no seas tonta del haba!

crabby ADJ *(bad-tempered)* **why are you so crabby today?** ¿por qué tienes tan malas pulgas hoy?; **my boss is a crabby bastard** el cabrón de mi jefe tiene muy malas pulgas

crabs NPL *(pubic lice)* ladillas *fpl* [not slang]

crack N (**a**) *(of bottom)* raja *f*
(**b**) *(situation)* **what's the crack, guys?** ¿qué os contáis, colegas?
(**c**) *esp Irish (fun)* **the crack's great there** allí hay una movida genial

crack off VT SEP **to crack one off** *(masturbate)* pelársela

crack up 1 VI (**a**) *(start laughing)* partirse; **I cracked up when I heard what had happened** yo me partía cuando me enteré de lo que había pasado
(**b**) *(have mental breakdown)* sufrir un ataque de nervios [not slang]; **she's gradually cracking up under the stress of her new job** el estrés del nuevo trabajo la está dejando hecha polvo
2 VT SEP *(cause to laugh)* **she/that programme cracks me up** yo me parto con ella/ese programa
3 VT INSEP **it's not all it's cracked up to be** yo no sé qué le ve la gente, no es nada del otro mundo

cradle-snatcher N *(person with a much younger partner)* asaltacunas *mf inv*

crap 1 N (**a**) *(excrement)* mierda *f*; **to do** or **have a crap** cagar; **to go for a crap** ir a cagar
(**b**) *(bad thing)* mierda *f*; **that album's a load of (old) crap** ese disco es una mierda; **you can't expect me to eat that crap** no esperarás que me coma esa mierda
(**c**) *(nonsense)* gilipolleces *fpl*; **what she said was a load of (old) crap** lo que dijo fue una gilipollez; **that's a load of crap!** ¡gilipolleces!; **cut the crap!** ¡no digas gilipolleces!; **you're full of crap!** *(you're a liar)* eres un trolero de la hostia; **don't give me that crap!** ¡no me vengas con gilipolleces!; **to talk crap** decir gilipolleces; **don't start on about that New Age crap!** no me vengas otra vez con la gilipollez esa del New Age
(**d**) *(hassle)* **I don't have to take that crap from him, he can get stuffed!** no tengo por qué aguantar gilipolleces de él, ¡que le den!; **I don't need this (kind of) crap, just get lost!** no me toques los huevos, ¡vete a paseo!
(**e**) *(stuff)* **could you move your crap off my desk?** ¿podrías llevarte todas esas mierdas tuyas de mi mesa?
(**f**) *esp US (anything)* **you don't know crap** no tienes ni pajolera idea; **we didn't get crap** no nos dieron ni un carajo
(**g**) *(bad heroin)* mierda *f*
(**h**) *(phrases)* **he beat** or **kicked** or **knocked the crap out of me** *(beat me up)* me forró a hostias; *(defeated me heavily)* me dio un baño de la hostia; **he bores the crap out of me** *(I find him very boring)* con él me aburro que te cagas; **you lied! – did I crap!** *(I didn't)* ¡mentiste! – ¡y una mierda!; **he's got a new car – has he crap!** *(he doesn't)* tiene un coche nuevo – ¡y una mierda!; **it's good to meet some other people who actually give a crap about animal rights** *(care)* es bueno conocer a otros que no se pasan los derechos de los animales por la entrepierna; **I don't** or **couldn't give a crap about it/them** *(don't care)* me importa/me importan un carajo; **he couldn't give a crap** *(doesn't care about anything)* le importan un huevo las cosas; **who gives a crap what you think?**

crumpet

(no-one cares) ¿y a quién leches le importa lo que pienses?; **like crap!** *(expresses disbelief, disagreement)* ¡y una mierda!; **I already phoned her – like crap you did!** *(no you didn't)* ya le he llamado – ¡y una mierda le has llamado!; **I feel like crap** *(ill)* me encuentro hecha una mierda; **it hurts like crap** *(a lot)* me duele un huevo; **he treats me like crap** *(badly)* me trata de culo; **you scared the crap out of me** *(frightened me to death)* me has dado un susto acojonante

2 ADJ (**a**) *(bad)* **their music is crap** su música es una mierda; **he's a crap singer** es una mierda de cantante; **I'm crap at physics** la física se me da de culo; **I feel crap** *(ill)* me encuentro hecho una mierda; **we had a crap holiday** las vacaciones fueron una mierda; **this hi-fi sounds crap** este estéreo suena de culo
(**b**) *(remorseful)* **to feel crap about something** sentirse de pena por algo
3 VT **I was crapping myself** *(scared)* me estaba cagando de miedo
4 VI *(defecate)* cagar
5 INTERJ *(expresses disbelief, disagreement)* ¡y una mierda!; **I couldn't find it – crap!** *(expresses disbelief)* no lo encontré – ¡y una mierda!

crappy ADJ (**a**) *(bad)* **a crappy computer** una caca de ordenador; **we had a crappy time** lo pasamos de pena
(**b**) *(ill)* **I feel crappy** me encuentro hecha una mierda
(**c**) *(nasty)* **that was a really crappy thing to do** eso fue una verdadera cerdada

crash VI *(sleep)* sobar; **can I crash at your place?** ¿puedo quedarme a sobar en tu casa?

crash out VI *(sleep)* quedarse frito(a); **he was crashed out on the sofa** se había quedado frito en el sofá

cream VT **he creamed his jeans** *(ejaculated in pants)* se corrió en los pantalones; **she creamed her jeans** *(got very excited)* se le hizo el culo pepsicola

creek N **we're really up the creek (without a paddle) now** *(in a hopeless situation)* se fastidió el invento → **shit**

creep 1 N (**a**) *Insulto (nasty man)* baboso *m*; **get lost, you creep!** ¡vete a paseo, baboso!
(**b**) *(sycophant)* pelota *mf*
2 VI *(be sycophantic)* **he's always creeping (up) to the teacher** le está haciendo siempre la pelota al profesor

cretin N *Insulto (stupid person)* mamón(ona) *m,f*; **you (stupid) cretin!** ¡mamón!

ⓘ Aunque **cretin** ya casi no se usa para referirse a un discapacitado psíquico, la acepción *estúpido* sigue siendo un término ofensivo para los que sufren de una enfermedad mental.

crew N *(friends)* peña *f*; **I was hanging with me crew** estaba con la peña

croak VI *(die)* palmarla

crucial 1 ADJ **(well) crucial** *(excellent)* fetén
2 INTERJ *(excellent)* ¡fetén!

crummy ADJ (**a**) *(bad)* cutre
(**b**) *(ill)* chungo(a)
(**c**) *(nasty)* **that was a really crummy thing to do** eso fue una faena de narices

crumpet N (**a**) *Sexista (women)* chatis *fpl*; **look at that bit of crumpet over there** fíjate en esa chati

cunt

(**b**) *(men)* tíos *mpl*; **look at that bit of crumpet over there** fíjate qué tío más bueno
(**c**) *(sex)* **he hasn't had any crumpet for ages** hace siglos que no se come nada; **I fancy a (nice) bit of crumpet** no me importaría un casquete

cunt [!!] N (**a**) *(vagina)* coño *m*
(**b**) *Insulto (contemptible man)* hijo *m* de puta; **you cunt!** ¡hijo de puta!; **you fucking cunt!** ¡hijo de la gran puta!
(**c**) *(person)* **she's a clever cunt** ¡qué lista es la hija de puta!; **some cunt nicked my pen** algún hijo de puta me ha chorizado el boli; **you lucky cunt!** ¡cabrón, qué suerte de mierda!; **the poor cunt buggered his leg** el pobre cabrón se jodió la pierna; **what a stupid cunt!** ¡qué mamón de mierda!
(**d**) *Sexista (woman)* **a bit of cunt** una puta jaca
(**e**) *Sexista (sex)* **I fancy a bit of cunt** me apetece montarme a alguna jaca
(**f**) *(difficult thing)* **this sum's a real cunt** esta suma es una puta mierda; **this door's a cunt to open** no hay quien abra esta puta puerta

> ⓘ Casi todo el mundo coincide en que **cunt** es la palabra más fuerte de la lengua inglesa, término que mucha gente no utiliza jamás, empleando el eufemismo **the C-word** si alguna vez necesitan referirse a él. La palabra es especialmente malsonante en la construcción **you fucking cunt**, el insulto más fuerte que existe. No hay ninguna palabra en español tan malsonante. Cuando se utiliza para describir a una mujer, o para referirse a las relaciones sexuales con una mujer, es un término increíblemente sexista. Sin embargo, aunque tradicionalmente el término también ha sido sexista cuando se refería a la vagina, este significado ha sido reivindicado en los últimos años por algunas mujeres.

D

daddy N **who's your daddy?** *(expresses superiority)* ¡chúpate esa!; **I'm the daddy** *(in charge)* el capo soy yo; **it's the daddy** *(the best)* es lo más guapo que hay

dago *Racista* **1** N **(a)** *(Spaniard)* español(ola) *m,f* del copón **(b)** *(Spanish language)* **I can't speak a word of dago** no hablo ni papa de español
2 ADJ *(Spanish)* **you dago bastard!** ¡español de mierda!

ⓘ Aunque el término **dago** es siempre racista cuando se utiliza para referirse a una persona española, es menos ofensivo e incluso tiene un toque humorístico cuando se refiere a la lengua española.

damage N **what's the damage?** *(how much do I owe you?)* ¿cuánto me va a clavar?

damn 1 N **I don't** *or* **couldn't give a damn about them** *(don't care)* me importan un pepino; **I don't** *or* **couldn't give a damn about what you think** *(don't care)* me importa un pepino lo que pienses; **you've done damn all today** *(nothing at all)* no has hecho un pijo en todo el día; **you know damn all about the subject, so shut up!** no sabes ni jota del tema, mejor que te calles
2 ADJ *(used for emphasis)* **the damn car won't start** el coche de las narices no quiere arrancar; **I can't hear a damn thing** *(anything)* no oigo ni pijo; **she's a damn sight cleverer than he is** *(a lot)* ella es cantidad más lista que él
3 ADV *(used for emphasis)* **the film was damn good/awful** la película fue la mar de buena/mala; **don't be so damn stupid** no seas tan imbécil, macho; **you did damn well** lo hiciste la mar de bien; **you'd damn well better do what I say!** ¡o haces lo que te digo o te la cargas!; **you know damn well who I mean** sabes superbién de quién hablo; **no damn way am I doing that!** ¡no lo pienso hacer ni de casualidad!; **too damn right!** ¡ya lo creo que sí!
4 VT **damn you!** ¡vete a paseo!; **damn her!** ¡que se vaya a paseo!; **damn the lot of them!** ¡que se vayan todos a paseo!; **I'm damned if I'm going to take that sort of crap from them!** lo llevan claro si se creen que voy a aguantar esas gilipolleces; **well I'll be damned!** *(expresses surprise)* ¡ostras!; **damn it!** *(expresses annoyance)* ¡ostras!; **as near as damn it** *(very nearly)* casi casi
5 INTERJ *(expresses annoyance)* ¡ostras!

dead 1 ADJ **over my dead body!** *(no way)* ¡ni hablar del peluquín!; **she was dead to the world** *(in a deep sleep)* estaba roque → **drop**
2 ADV *(very)* **he's dead nice** es supermajo; **it was dead difficult/easy** fue superdifícil/superfácil; **he was dead beat** *(exhausted)* estaba hecho puré

def

def ADJ *(excellent)* virguero(a); **he's got this well def motor** tiene un coche supervirguero

dick N (**a**) *(penis)* polla *f*
(**b**) *Insulto (stupid man)* tonto *m* del culo; **you (stupid) dick!** ¡tonto del culo!
(**c**) *esp US (anything)* **he didn't do dick** se tocó los cojones; **you don't know dick** no tienes ni puta idea

dickbrain N *Insulto (stupid man)* tonto *m* del pijo; **you dickbrain!** ¡tonto del pijo!

dickhead N *Insulto (stupid man)* capullo *m*; **you dickhead!** ¡capullo!

dike → **dyke**

dildo N *Insulto (stupid person)* tonto(a) *m,f* del haba; **you dildo!** ¡tonto del haba!

dipshit N *US Insult (contemptible person)* gilipollas *mf inv*

dire ADJ *(terrible)* **the film was dire** la película fue penosa; **the weather was dire** hizo un tiempo penoso

dirty 1 ADJ *Humorístico* **we went away for a dirty weekend** nos fuimos a pasar el fin de semana encamados
2 ADV *(used for emphasis)* **there was a dirty great hole in the bottom** había un agujero de no te menees en el fondo

dis(s) VT *(criticize)* poner a caldo a

div N *Insulto (stupid person)* memo(a) *m,f*; **you div!** ¡memo!

dive N *(unpleasant place)* **that bar is a real dive** es un garito muy cutre

do VT (**a**) *(cheat)* **we've been done** nos han camelado; **they did us for fifty quid** nos camelaron cincuenta libras
(**b**) *(punish)* **dad'll do you when he finds out** cuando se entere papá te la vas a cargar; **I got done for talking in class** me la cargué por hablar en clase
(**c**) *(prosecute)* **she got done for speeding** le metieron un paquete por exceso de velocidad
(**d**) *(have sex with)* **did you do her?** ¿te lo montaste con ella?
(**e**) *(drug)* meterse; **I don't do hard drugs** no me meto drogas duras
(**f**) *(imitate)* **he did a Gareth Southgate and missed the penalty** a lo Gareth Southgate, falló el penalti *[not slang]*
(**g**) *(expressions)* **that woman really does something for me** *(I find her attractive)* esa mujer me va cantidad; **did you do it (with him)?** *(have sex)* ¿lo hiciste (con él)?

doddle N **it was a doddle** estuvo chupado

dodgy ADJ (**a**) *(unreliable, bad)* **the weather's been a bit dodgy recently** hemos tenido un tiempo muy chungo últimamente; **the brakes on the car were really dodgy** los frenos del coche eran un churro; **I've got a dodgy knee** tengo una rodilla chunga; **we stayed at a well dodgy hotel** nos alojamos en un hotel supercutre
(**b**) *(untrustworthy)* **he's a rather dodgy character** es un tío muy poco legal; **that sounds like a pretty dodgy story to me** esa historia suena a bola
(**c**) *(unwell)* **I'm feeling pretty dodgy** me encuentro bastante chungo
(**d**) *(tricky)* **it's a dodgy situation** es una situación chunga
(**e**) *(stolen)* **he sold me some dodgy tickets** me vendió unas entradas mangadas

dog N (**a**) *Sexista (ugly woman)* aborto *m*
(**b**) *(phrases)* **the food there's the dog's bollocks** *(excellent)* la comida

de ahí está que se caga la perra; **my new synthesizer's the dog's bollocks** *(excellent)* tengo un nuevo sintetizador que se caga la perra

> ⓘ Hay varias variaciones humorísticas de la expresión **it's the dog's bollocks**: **it's the donkey's knob, it's the mutt's nuts** e **it's the canine's testicles**. Algunos hablantes inventan sus propias variaciones siguiendo esta estructura.

dogging N *(watching people have sex in car parks)* actividad consistente en espiar a parejas que tienen relaciones sexuales en un aparcamiento

doh INTERJ *(expresses frustration at stupidity)* ¡jo!

> ⓘ While ¡jo! is the most useful translation for **doh** in most contexts, note that in the Spanish version of The Simpsons, Homer's favourite expression is sometimes (though not always) translated as ¡mosquis!. However, this has not passed into everyday usage like **doh** has in English.

do in VT SEP (**a**) *(kill)* **they did him in** se lo cargaron; **he did himself in** *(committed suicide)* se mató
(**b**) *(beat up)* inflar a palos; **I'm gonna do your head in** *(beat you up)* te voy a partir la cara; **this maths problem is doing my head in** *(confusing me)* el problema de mates me está comiendo el coco
(**c**) *(tire)* dejar hecho(a) puré

dong N (**a**) *(penis)* chorra f
(**b**) *Insulto (stupid person)* chorra m

doo-doo N *Humorístico* (**a**) *(excrement, piece of excrement)* caca f
(**b**) *(trouble)* **we're in deep doo-doo now** ahora sí que la hemos fastidiado bien fastidiado

dope N (**a**) *(marijuana)* maría f; **he's a dope fiend** le va mucho la maría
(**b**) *(any illegal drug)* material m
(**c**) *Insulto (stupid person)* **you dope!** ¡lechuzo!

dopehead N *(person who smokes a lot of marijuana)* fumeta mf

dork N *esp US Insulto (fool)* petardo m

dosh N *(money)* pasta f; **he's earning loads of dosh** gana un pastón

doss 1 N (**a**) *(easy thing)* **this degree's a doss** esta carrera es un chollo
(**b**) *(sleep)* **to have a doss** ponerse a sobar
2 VI (**a**) *(idle)* **to doss about** or **around** rascarse la barriga
(**b**) *(sleep)* **I spent a month dossing on park benches** pasé un mes sobando en bancos de parques

dosser N *(lazy person)* **he's a dosser** es un vago de narices

douchebag N *US Insulto (contemptible person)* comemierda mf

dough N *(money)* tela f

drama queen N *(over-dramatic person)* **don't be such a drama queen** no seas tan teatrero

dream N **in your dreams!** *(no way)* ¡ni lo sueñes!

drip N *(boring, bland person)* colgado(a) m,f

drop 1 VT **to drop a sprog** *Humorístico (give birth)* parir
2 VI **drop dead!** *(leave me alone)* ¡muérete!

druggie N *(drug addict)* drogata mf

dude N (**a**) *(man)* tío m
(**b**) *(term of address)* **hey, dude!**

Double Entendre — *Doble sentido*

Las frases con doble sentido son muy populares en Gran Bretaña. Cuando están con los amigos, muchos británicos no dejan pasar la oportunidad de señalar que algo que alguien ha dicho tiene una interpretación alternativa, generalmente sexual. Para ello, usan frases como **as it were** o la humorística **as the actress said to the bishop**, para indicar que lo que se acaba de decir se puede interpretar de forma sexual además de literal.

Bloody hell, that's a big one, as it were.

(¡Hostia, qué grande la tienes!)

It won't go in… as the actress said to the bishop!

(No consigo meterla.)

Hay tantas palabras que tienen un significado literal y otro sexual o escatológico que sería imposible hacer una lista con todas ellas. Aquí presentamos una pequeña muestra del tipo de palabras con las que te puedes encontrar:

While we were in India, our favourite tune was 'Ring of Fire', if you see what I mean.

(Además de tener el significado de círculo, en argot **ring** significa también **ano**. Los británicos creen que la comida india provoca diarrea, de ahí que **ring of fire** (literalmente **círculo de fuego**, pero también **ano de fuego**) se refiera a la sensación abrasadora en el ano que se produce después de comer un plato indio).

It was a massive job, as it were.

(Además de referirse al trabajo, en argot **job** también significa **excrementos**. Por eso, se podría interpretar que esta frase, además de hacer referencia a algo que requiere mucho trabajo, podría aludir a un gran montón de excrementos.)

Now, grab hold of that knob over there, as the actress said to the bishop.

(**Knob** quiere decir botón, pero en argot también significa **pene**. Por tanto, esta frase tiene dos sentidos: además de decirle a alguien que gire un botón, le puedes estar pidiendo que agarre el pene de otra persona.)

Christ, look at those plums, they're big ones, aren't they? Fnarr, fnarr.

(A primera vista te puede parecer que esta frase simplemente describe la sorpresa que le produce a alguien el tamaño de unas ciruelas. Sin embargo, en argot **plums** significa **testículos**, y **big ones** se puede referir tanto a **pechos** grandes como a otras partes del cuerpo (el pene, los testículos). La frase **fnarr, fnarr** es otra forma de mostrar que lo que acabas de decir tiene doble sentido.)

dyke

¡oye, colega!; **dude! this place is amazing!** ¡colega, este sitio es genial!; **dude! what's your problem?** *(expresses annoyance)* ¿qué te pasa, colega? → **cool**

duff 1 N **to be up the duff** *(pregnant)* estar preñada
2 ADJ *(bad, faulty)* chungo(a)

duff up VT SEP *(beat up)* darle una somanta a

dumb-ass *US* 1 N *Insulto (stupid person)* tontolaba *mf*
2 ADJ *(stupid)* **our dumb-ass president** el tontolaba de nuestro presidente

dump 1 N (**a**) *(unpleasant place)* **the youth hostel was a dump** el albergue juvenil era un cuchitril; **that town's a dump** es un pueblo de mala muerte
(**b**) *(phrases)* **to have a dump** *(defecate)* jiñar
2 VT *(split up with)* cortar con

dweeb N *US Insulto (idiot)* memo(a) *m,f*; **you dweeb!** ¡memo!

dyke N *Homofóbico (lesbian)* tortillera *f*

ⓘ Aunque **dyke** es un término homofóbico cuando lo utilizan heterosexuales para referirse a lesbianas, pierde su carácter ofensivo cuando lo utilizan lesbianas para referirse a ellas mismas.

E

E N *(ecstasy)* éxtasis m inv [not slang]

easy 1 ADJ **to be easy on the eye** *(good-looking)* estar como para hacerle un favor
2 ADV **easy tiger!** *Humorístico (calm down)* ¡tranqui, colegui!

eat VT **eat shit (and die)!** *(get stuffed)* ¡anda y que te jodan!; **to eat pussy** *(perform cunnilingus)* comer el conejo

eejit N *Irish (idiot)* gilipuertas mf inv; **you eejit!** ¡gilipuertas!

effing ADJ *Eufemismo [fucking] (used for emphasis)* puñetero(a); **the effing car won't start** el puñetero coche no quiere arrancar; **he's an effing idiot** es un gilipuertas; **I can't hear an effing thing** no oigo un carajo

eff off *Eufemismo [fuck off]* 1 VI *(go away)* **I told him to eff off** le mandé a tomar por saco
2 INTERJ *(go away)* ¡vete a tomar por saco!; *(expresses disbelief)* ¡ni de coña!; *(expresses refusal)* ¡y una mierda!

end N **did you get your end away?** *(have sex)* ¿mojaste el churro?

Exclamations — Exclamaciones

Las exclamaciones usadas para expresar diferentes emociones son una parte importante del argot inglés. Una forma muy común y vulgar de expresar enfado es la exclamación **fucking hell!** Hay otras expresiones también muy comunes, pero un poco menos fuertes, como **bloody hell!**, **bollocks!**, **bugger!** y **bugger it!**

A algunas personas religiosas expresiones como **Jesus Christ!** o **Christ Almighty!** les parecen blasfemas. Sin embargo, son expresiones usadas con mucha frecuencia por gente que no es religiosa, y en general no se las considera muy malsonantes.

Los que prefieren no usar expresiones vulgares como **fucking hell!** o **bloody hell!** usan expresiones que son bastante parecidas, pero mucho menos vulgares, como **flipping hell!**, **flaming hell!**, **bleeding hell!**, **blooming hell!** o **blinking hell!** Igualmente, **sugar!** es un eufemismo bastante común que sustituye a **shit!**, y **fudge!** se usa a veces en lugar de **fuck!** Otra forma de hacer que una expresión malsonante parezca menos fuerte es modificarla para darle un tono cómico. De esta forma, **bugger!** se convierte en **buggeration!**, y **bloody hell!** pasa a ser **bloody Nora!**

Muchas exclamaciones usadas para expresar enfado también se usan para expresar sorpresa. Esto ocurre tanto con **fucking hell!** y **bloody hell!**, como con sus formas eufemísticas, y también con **Jesus Christ!** y **Christ almighty!** Otras formas comunes para expresar sorpresa van desde los vulgares **fuck me!** y **bugger me!** hasta exclamaciones menos fuertes como **shoot!** o la humorística **Gordon Bennett!**

La expresión más común para mandar a alguien a paseo de forma vulgar es **fuck off!** En según qué contextos esta expresión puede ser muy fuerte, aunque también se usa con frecuencia entre amigos. **Piss off!**, **bugger off!**, **sod off!** y **up yours!** son otras formas bastante comunes, aunque un poco menos fuertes. Hay también una serie de expresiones bastante divertidas para mandar a alguien a paseo, por ejemplo **stick it where the sun don't shine!**, **stick it up your jumper!** y **go jump in the lake!**

Muchas formas usadas para mandar a alguien a paseo también sirven para expresar rechazo o incredulidad. Ocurre así con **fuck off!**, **piss off!**, **bugger off!**, **sod off!** y **get stuffed!** Otras expresiones comunes para expresar incredulidad son **balls!** y **bollocks!**, mientras que **balls to that!** y **bollocks to that!** expresan rechazo, igual que la expresión humorística **no way José!**

F

F.A. N *Eufemismo* [fuck all] *(nothing)* **I got sweet F.A. for my trouble** con todo lo que me molesté, no recibí un carajo a cambio

face N **he was out of his face** *(drunk, on drugs)* llevaba un ciego alucinante; **she got out of her face** *(drunk, on drugs)* cogió un ciego alucinante; **get out of my face!** *(leave me alone)* ¡piérdete!; **she has a face like the back end of a bus** *Humorístico (she's ugly)* es más fea que Picio; **to have a face like a slapped arse** *(look miserable and angry)* tener cara de mala hostia; **hang on while I put my face on** *(do my make-up)* espera a que acabe de pintarme; → **shut, suck**

faff about VI *(mess about)* hacer el chorra

faff all N *Eufemismo* [fuck all] *(nothing)* **there was faff all to do at that so-called amusement park** no había ni una puñetera diversión en ese supuesto parque de atracciones; **you've done faff all today** no has pegado ni chapa en todo el día

faff around VI *(mess about)* hacer el chorra

fag N (**a**) *(cigarette)* pitillo *m*
(**b**) *US Homofóbico (homosexual)* maricón *m*
(**c**) *(boring task)* **to be a fag** ser un rollo

ⓘ Aunque **fag** en la acepción (**b**) es un término homofóbico cuando lo utilizan heterosexuales para referirse a homosexuales, pierde su carácter ofensivo cuando lo utilizan homosexuales para referirse a ellos mismos.

fagged ADJ (**a**) *(exhausted)* hecho(a) puré
(**b**) *(bothered)* **do you fancy going to the cinema? – no, I can't be fagged** ¿te apetece ir al cine? – jo, no, paso; **I can't be fagged to do it** *or* **doing it now** no me sale de las narices hacerlo ahora

fagged out ADJ *(exhausted)* hecho(a) puré

faggot N *US Homofóbico (homosexual)* maricón *m*

ⓘ Aunque **faggot** es un término homofóbico cuando lo utilizan heterosexuales para referirse a homosexuales, pierde su carácter ofensivo cuando lo utilizan homosexuales para referirse a ellos mismos.

fag hag N *(woman who hangs out*

with gay men) mariliendres *f inv*

fair → **cop**

fairy N *Homofóbico (homosexual)* mariposón *m*

fanciable ADJ *(attractive)* bueno(a); **to be fanciable** estar bueno(a)

fanny N **(a)** *(vagina)* chocho *m*; **get your fanny over here!** *(come here)* ¡ven aquí echando hostias!
(b) *US (bottom)* trasero *m*
(c) *Sexista (women)* chorbas *fpl*
(d) *(phrases)* **I got sweet Fanny Adams for my trouble** *Eufemismo [fuck all] Humorístico (nothing)* con todo lo que me molesté, no recibí ni un carajo ni medio a cambio

fanny about, fanny around VI *(mess about)* hacer el chorra

far-out 1 ADJ **(a)** *(bizarre)* alucinante
(b) *(great)* macanudo(a)
2 INTERJ *(great)* ¡macanudo!

fart 1 N **(a)** *(wind)* pedo *m*; **to do a fart** tirarse un pedo
(b) *Insulto (stupid person)* **he's an old fart** es un viejo asqueroso; **stop being such a boring old fart** no seas petardo
2 VI *(pass wind)* tirarse un pedo

fart about, fart around VI *(mess about)* hacer chorradas

fartface N *Insulto (contemptible person)* pedorro(rra) *m,f*; **oi, fartface, what d'you think you're doing?** ¡eh, pedorro!, ¿qué haces?

fashion victim N *(person who slavishly follows fashion)* fashion victim *mf*

fast → **pull**

fat ADJ *Irónico* **do you expect to get a pay rise? – huh, fat chance (of that)** *(no chance)* ¿esperas que te suban el sueldo? – qué va, lo llevo claro; **did she help you? – yes, and a fat lot of good it did us too** *(it did no good)* ¿os ayudó? – sí, y menuda gracia que lo hiciera; **I don't know how it works – a fat lot of use you are** *(you're no use)* no sé cómo funciona – pues menuda ayuda estás hecho

flaming

favour N **do me a favour!** *(don't be ridiculous)* ¡anda, por favor!

feck INTERJ *Irish (expresses irritation)* ¡hostia!

fess up VI *esp US (confess)* cantar

-fest SUFFIX **that club's a total babefest!** *(there are lots of attractive women there)* ¡esa disco está hasta arriba de tías buenas!; **the party's gonna be a shagfest!** *(there will be ample opportunity to have sex there)* ¡se nos va a caer el pito de tanto follar en la fiesta!; **the movie's a bit of a gorefest** *(it's very gory)* es una película gore a tope

fierce 1 ADJ *(excellent)* bestial; **their latest single is fierce, man** su último sencillo mola mazo, tío
2 INTERJ *(excellent)* ¡mola mazo!

filth N **the filth** *(the police)* la bofia

finger → **pull**

fit 1 N **my dad will have** *or* **throw a fit when he finds out** *(be very angry)* cuando se entere mi padre le va a dar un ataque
2 ADJ *(attractive)* **he's fit** está como quiere

five N **gimme five!** *or* **high five!** *(expresses congratulations)* ¡choca esos cinco!

flaming 1 ADJ *(used for emphasis)* **he's a flaming idiot** es tonto de remate; **it's a flaming pain in the neck** es un auténtico peñazo; **flaming hell** *or* **heck!** *(expresses annoyance, shock)* ¡ostras!
2 ADV *(used for emphasis)* **it was flaming awful** fue una patata; **don't be so flaming stupid** no seas

flap

tan merluzo; **there was a flaming great hole in the bottom** había un agujero de campeonato en el fondo; **no flaming way am I doing that!** ¡no lo pienso hacer ni loco!; **too flaming right!** ¡ya lo creo que sí!; **you'd flaming well better do what I say!** ¡como no me hagas caso te la vas a cargar!

flap N *(panic)* **to be in a flap about something** estar histérico por algo; **to get in a flap about something** ponerse histérico por algo

flasher N *(exhibitionist)* exhibicionista m *[not slang]*

flid N *Insulto (stupid person)* subnormal mf; **you flid!** ¡subnormal!

ⓘ Cuando el término **flid** se dirige a una persona estúpida, se considera ofensivo para los que sufren defectos de nacimiento como resultado del consumo materno del fármaco talidomida. **Flid** es la forma abreviada de **Thalidomide**. La **tha** se convierte en **f** debido a una pronunciación común en el sudeste de Inglaterra.

flip 1 VT **my dad flipped his lid when he found out** *(got very angry)* a mi padre le dio un patatús cuando se enteró; **flip it!** *(expresses annoyance)* ¡jope!
2 VI **(a)** *(get very angry)* **my dad flipped when he found out** a mi padre le dio un patatús cuando se enteró
(b) *(go mad)* irse del bolo
3 INTERJ *(expresses annoyance)* ¡jope!

flipping 1 ADJ *(used for emphasis)* **he's a flipping idiot** es tonto de remate; **it's a flipping pain in the neck** es un auténtico peñazo; **flipping hell** *or* **heck!** *(expresses annoyance, shock)* ¡ostras!
2 ADV *(used for emphasis)* **it was flipping awful** fue una patata; **don't be so flipping stupid** no seas tan merluzo; **there was a flipping great hole in the bottom** había un agujero de campeonato en el fondo; **no flipping way am I doing that!** ¡no lo pienso hacer ni loco!; **too flipping right!** ¡ya lo creo que sí!; **you'd flipping well better do what I say!** ¡como no me hagas caso te la vas a cargar!

float VT **what shall we do tonight? – whatever floats your boat** *(whatever you like)* ¿qué vamos a hacer esta noche? – lo que más te mole; **I'm really into fat birds – whatever floats your boat!** *(it takes all sorts)* me van las titis gordas – ¡contra gustos...!; **your sister/that song really floats my boat!** *(I love her/it)* tu hermana/esa canción me pone

flog VT **(a)** *(sell)* vender *[not slang]* **he tried to flog me a dodgy computer** me intentó enchufar un ordenador chungo
(b) *(phrases)* **he was flogging his log** *Humorístico (masturbating)* se la estaba pelando

fluff → **bit**

flunk VT *US (fail)* catear

fly ADJ *(excellent, cool)* **their new album is totally fly** cómo triunfa su nuevo álbum; **she was driving a well fly motor** ¡cómo triunfa el buga que llevaba!; **you're looking pretty fly, man** ¡cómo triunfa esa ropa que llevas, tío!

fogey, fogy N **(old) fogey** carroza mf

footie N *(football)* fútbol m *[not slang]*

fork out 1 VT SEP *(pay)* apoquinar
2 VI *(pay)* **I had to fork out for a new fridge** tuve que soltar la pasta para comprar una nevera nueva

front bottom

four-eyes N *(person who wears glasses)* cuatro ojos *mf inv*

freaking *esp US Eufemismo [fucking]* **1** ADJ *(for emphasis)* **the freaking car won't start** este coche de los huevos no quiere arrancar; **he's a freaking bastard** es un cabrón de mierda; **you freaking idiot!** ¡tonto del culo!; **I can't hear a freaking thing** no oigo una mierda; **what the freaking hell is wrong with you people?** ¿qué coño os pasa, tíos?
2 ADV *(for emphasis)* **the film was freaking brilliant/awful** la película fue cojonuda/una mierda; **we had a freaking marvellous time** lo pasamos de puta madre; **don't be so freaking stupid** no seas tan gilipollas; **you must be freaking joking** *(no way)* vas de coña, ¿no?; *Irónico* **that's freaking brilliant, now what do we do?** de puta madre, ¿ahora qué hacemos?; **a freaking great lorry** un camión de la hostia; **you'd freaking well better do what I say!** ¡como no me hagas caso te va a caer una de la hostia!; **no freaking way am I doing that!** ¡ni de coña voy a hacerlo!; **are you going? – not freaking likely!** ¿vas a ir? – ¡ni de coña!; **too freaking right!** ¡hostia, ya lo creo!

freak out 1 VT SEP **(a)** *(scare)* **spiders freak me out** las arañas me dan canguelo
(b) *(disconcert)* **that guy just freaks me out** ese tío me da no sé qué
2 VI **(a)** *(get scared)* **he freaked out when he saw the spider** cuando vio la araña le entró el canguelo en el cuerpo
(b) *(get disconcerted)* **I freaked out when I found out his room was covered in photos of me** flipé cuando descubrí que su habitación estaba llena de fotos mías

(c) *(get angry)* agarrar un cabreo tremendo
(d) *(lose self control)* irse del bolo

frigging *Eufemismo [fucking]* **1** ADJ *(for emphasis)* puñetero(a); **the frigging car won't start** el puñetero coche no quiere arrancar; **he's a frigging bastard** es un cabrón de mierda; **you frigging idiot!** ¡tonto del culo!; **I can't hear a frigging thing** no oigo una mierda; **it's a frigging pain in the neck** es un coñazo; **frigging hell** *or* **heck!** *(expresses annoyance, surprise)* ¡hostia!
2 ADV *(for emphasis)* **the film was frigging good/awful** la película fue cojonuda/una mierda; **we had a frigging marvellous time** lo pasamos de puta madre; **it's frigging freezing** hace un frío del copón; **we were frigging lucky** tuvimos una suerte del copón; **don't be so frigging stupid** no seas tan gilipollas; *Irónico* **that's frigging brilliant, now what do we do?** de puta madre, ¿ahora qué hacemos?; **a frigging great lorry** un camión de la hostia; **you did frigging well** lo hiciste de puta madre; **you'd frigging well better do what I say!** ¡como no me hagas caso te va a caer una de la hostia!; **no frigging way am I doing that!** ¡ni de coña voy a hacerlo!; **are you going? – not frigging likely!** ¿vas a ir? – ¡ni de coña!; **too frigging right!** ¡hostia, ya lo creo!

fritz N *US* **the TV's on the fritz again** *(playing up)* ya está la tele jorobando otra vez

Frog 1 N *Racista* **(a)** *(French person)* franchute *mf*, gabacho(a) *m,f*
(b) *(French language)* franchute *m*
2 ADJ *(French)* franchute, gabacho(a)

front bottom N *(vagina)* partes *fpl*

fruit

fruit N *esp US Homofóbico* (*homosexual*) mariposón *m*

> ⓘ Aunque **fruit** es un término homofóbico cuando lo utilizan heterosexuales para referirse a homosexuales, pierde su carácter ofensivo cuando lo utilizan homosexuales para referirse a ellos mismos.

fruitcake N (*eccentric person*) **he's a fruitcake** es un locatis

fuck 1 N (**a**) (*sex*) [!!] **to have a fuck** joder
(**b**) (*sexual partner*) [!!] **he's/she's a good fuck** jode de maravilla
(**c**) *Insulto* (*person*) [!!] **he's a useless fuck** es un negado de mierda; **you stupid fuck!** ¡gilipollas de mierda!
(**d**) (*anything*) **you don't know fuck if you think that** si eso es lo que crees no tienes ni puta idea; **he didn't do fuck at the office today** se ha estado tocando los cojones todo el día en la oficina; **my opinion isn't worth fuck round here** aquí a nadie le importa un cojón lo que piense
(**e**) (*phrases*) **they earn a fuck of a lot** (*a huge amount*) ganan la hostia de dinero; **we had a fuck of a job doing it** (*it was very difficult*) nos costó un esfuerzo de la hostia hacerlo; **the waterfall was as big as fuck** (*very big*) era una cascada de la hostia; **it's as cold as fuck in here!** (*very cold*) ¡hostia puta, qué frío hace aquí dentro!; **her brother's as stupid as fuck** (*very stupid*) su hermano es más imbécil que la hostia; **for fuck's sake!** (*expresses annoyance*) ¡hostia puta!; **for fuck's sake get a move on!** (*expresses impatience*) ¡hostia puta, vamos!; **you've done fuck all today** (*nothing*) te has estado tocando los cojones todo el día; **we got fuck all help from them** (*none*) les importó un cojón ayudarnos; **I got fuck all for my efforts** (*nothing*) no me dieron ni una puta mierda por mis esfuerzos; **there's fuck all else to do, so we might as well watch the film** (*nothing else*) no hay ni una puta cosa más que podamos hacer, vamos a ver la película; **fuck knows how we're ever going to finish this on time** (*I don't know*) no tengo ni puta idea de cómo vamos a acabar esto a tiempo; **how did she do that? – fuck knows** (*I don't know*) ¿cómo lo hizo? – ni puta idea; **get the fuck out of here!** (*get out*) ¡sal de aquí echando hostias!; **get to fuck!** (*go away*) [!!] ¡anda y que te jodan!; **it's good to meet some other people who actually give a fuck about animal rights** (*care*) es bueno conocer a otros que no se pasan los derechos de los animales por el forro de los cojones; **I couldn't give a fuck** (*don't care*) me importa un cojón; **I couldn't give two fucks** (*don't care*) me importa tres cojones; **I couldn't give a fiddler's** *or* **flying** *or* **rusty fuck** (*don't care*) me importa tres pares de cojones; **who gives a fuck what she thinks, anyway?** (*no-one cares*) ¿y a quién cojones le importa lo que piense?; **you fancy her, don't you? – do I fuck!** (*I don't*) ¿a que te gusta? – ¡y una mierda!; **Bury's in Yorkshire, isn't it? – is it fuck!** (*it isn't*) Bury está en Yorkshire, ¿no? – ¡y una mierda!; **to kick the fuck out of somebody** (*beat up*) forrar a alguien a hostias; **I gave it to my brother – like fuck you did!** (*no you didn't*) se lo di a mi hermano – ¡los cojones!; **I'm going to leave now – like fuck you are** (*no you're not*) me voy a ir ahora – y una mierda; **it hurts like fuck!** (*a lot*) ¡hostia puta, cómo me

fucked

duele!; **shut the fuck up!** *(shut up)* **[!!]** ¡cállate de una puta vez!; **what/when/where/who/why the fuck...?** *(for emphasis)* ¿qué/cuándo/dónde/quién/por qué cojones…?; **we can't really afford to take the day off, but what the fuck!** *(we might as well)* no nos podemos permitir tomarnos un día libre, pero ¡qué cojones!; **that's Claudia Black – who the fuck is she?** *(for emphasis)* esa es Claudia Black – ¿y quién cojones es?
2 VT (**a**) *(have sex with)* **[!!]** joder con; **she'll fuck anything in trousers** or **on two legs** *(she's a nymphomaniac)* es más puta que las gallinas; **he fucked him up the arse** or US **ass** *(sodomized him)* le dio por (el) culo; **I fucked his brains out** *(had energetic sex with him)* me pegué una follada de la hostia con él (**b**) *(damage)* joder; **I fucked my leg playing footie** me jodí la pierna jugando al fútbol; **these drugs really fuck your mind** *(cause mental problems)* estas drogas te joden la cabeza; **we're fucked!** *(we've had it)* ¡la hemos jodido!
(**c**) *(exploit)* joder
(**d**) *(phrases)* **fuck a duck!** *Humorístico (expresses surprise)* ¡hostias en vinagre!; **fuck it!** *(expresses annoyance)* ¡joder!; *(expresses resignation)* ¡qué hostias!; **fuck me!** *(expresses surprise)* ¡hostia!; **fuck me gently** or **rigid!** *(expresses surprise)* ¡hostias en vinagre!; **fuck that!** *(forget that)* ¡una mierda!; **fuck the lot of them!** *(they can get stuffed)* **[!!]** ¡que les den por (el) culo!; **fuck this for a lark** or **for a game of soldiers, let's go for a beer!** *(this is a waste of time)* ¡a tomar por donde amargan los pepinillos, vamos a tomar una birra!; **fuck what they say, let's go anyway!** *(ignore it)* a la mierda con lo que digan, ¡vayamos!; **fuck you!** *(get stuffed)* **[!!]** ¡que te den por culo!; **go fuck a duck!** *(go away)* ¡que te folle un pez!; **go fuck yourself** or **your mother** *(go away)* **[!!]** ¡vete a la puta mierda!
3 VI *(have sex)* **[!!]** joder; **she fucks like a bunny** or **a mink** *(is very sexually active)* la zorra está más salida que la punta de una piragua
4 INTERJ (**a**) *(expresses annoyance)* ¡joder!
(**b**) *(expresses amazement)* ¡joder!

ⓘ Casi todo el mundo está de acuerdo en que, después de **cunt**, **fuck** es la palabra más fuerte de la lengua inglesa. Aunque es muy común en la lengua hablada entre personas que se conocen bien, se considera inaceptable en casi cualquier otro contexto, hasta el punto que mucha gente utiliza el eufemismo **the F-word** cuando se tienen que referir a ella. Aunque en español hay otras palabras malsonantes que se le asemejan, no hay ninguna que refleje por completo el registro y uso de **fuck**.

fuckable ADJ *(sexually attractive)* follable

fuck about, fuck around 1 VT SEP *(mess about)* putear
2 VI *(mess about)* **stop fucking about!** ¡joder, deja de hacer el gilipollas!

fuck buddy N *(casual sexual partner)* **they're just fuck buddies** sólo follan

fucked ADJ (**a**) *(broken)* jodido(a)
(**b**) *(injured)* jodido(a); **my knee's fucked** tengo la rodilla jodida
(**c**) *(tired)* hecho(a) una puta mierda
(**d**) *(phrases)* **we're fucked** *(we've had it)* la hemos jodido; **I'm fucked if I know where it is** *(I don't know)*

fucked up

no tengo ni puta idea de dónde está; **I'm fucked if I care** *(I don't care)* me importa un cojón; **I'm fucked if I'm going to help them!** ni de coña voy a ayudarles; **I can't be fucked going out tonight** *(I can't be bothered)* no me sale de los cojones salir esta noche

fucked up ADJ (**a**) *(psychologically damaged)* jodido(a)
(**b**) *(ridiculous)* **George Bush, president of the most powerful country in the world... now that's what I call fucked up** George Bush, presidente del país más poderoso del mundo... ¡qué auténtica mierda!; **she does these totally fucked up paintings** pinta unos cuadros que te cagas de extraños; **we've increased our productivity, but they've cut our wages, how fucked up is that?** hemos aumentado la productividad, y van y nos reducen el sueldo, ¿qué putada es esa?

fucker N (**a**) *Insulto (contemptible man)* [!!] hijo *m* de perra; **what a fucker!** ¡qué hijo de perra!
(**b**) *(any man or woman)* **she's a clever fucker** ¡qué lista es la hija de puta!; **some fucker nicked my pen** algún cabronazo me ha chorizado el boli; **you jammy fucker!** ¡qué suerte de mierda has tenido!; **the poor fucker buggered his leg** el pobre cabrón se jodió la pierna; **what a stupid fucker!** ¡qué cazurro de mierda!
(**c**) *(thing)* **it's a big fucker** es la hostia de grande
(**d**) *(difficult thing)* **this sum's a real fucker** esta suma es una cabronada; **this door's a fucker to open** está superjodido abrir esta puerta
(**e**) *(unpleasant situation)* **his wife left him – what a fucker!** le dejó su mujer – ¡hostia qué putada!

fuckface [!!] N *Insulto*

(contemptible person) hijo(a) *m,f* de la gran puta; **oi, fuckface, what d'you think you're doing?** ¡eh, hijo de la gran puta!, ¿qué estás haciendo?

fucking 1 ADJ *(used for emphasis)* **the fucking car won't start** el puto coche no quiere arrancar; **he's a fucking bastard** [!!] es un hijo de puta; **you fucking idiot!** ¡imbécil de mierda!; **I can't hear a fucking thing** no oigo un puto carajo; **fucking hell** *or* **heck!** *(expresses annoyance, surprise)* ¡hostia puta!; **who the fucking hell does she think she is?** ¿quién cojones se ha creído que es?; **fucking Nora!** *(expresses surprise)* ¡anda la hostia!
2 ADV *(used for emphasis)* **the film was fucking brilliant** la película fue la hostia de buena; **the film was fucking crap** la película fue una mierda que te cagas; **we had a fucking marvellous time** nos lo pasamos de putísima madre; **don't be so fucking stupid** no seas tan imbécil del copón; **you must be fucking joking** *(no way)* no me tomes el pulo por pelo; **how should I fucking know?** ¿y cómo cojones quieres que lo sepa yo?; *Irónico* **that's fucking brilliant, now what do we do?** de puta madre, ¿ahora qué hacemos?; **a fucking great elephant** un elefante la hostia de grande; **you did fucking well** lo hiciste de putísima madre; **you'd fucking well better do what I say!** ¡como no me hagas caso te va a caer una de la hostia!; **no fucking way am I doing that!** ¡una mierda, ni de coña voy a hacerlo!; **are you going? – not fucking likely!** ¿vas a ir? – ¡una mierda, ni de coña!; **too fucking right!** ¡cojones, ya lo creo!

fuck off 1 VI *(go away)* [!!] **he fucked off halfway through the**

afternoon el muy cabrón se largó a mitad de tarde; **tell him to fuck off** dile que se vaya a tomar por (el) culo **2** VT SEP *(annoy)* **her behaviour really fucked me off** su comportamiento me jodió de verdad **3** INTERJ *(go away)* **[!!]** ¡vete a tomar por culo!; *(expresses disbelief)* ¡los cojones!; *(expresses refusal)* ¡vete a la mierda!; **fuck off and die!** *(go away)* **[!!]** ¡vete a la puta mierda!; **fuck off out of it!** *(go away)* **[!!]** ¡vete a tomar por culo, cabrón!

fuck up 1 VT SEP **(a)** *(mess up)* joder **(b)** *(damage psychologically)* joder **2** VI *(mess up)* **he's fucked up again** la ha jodido otra vez

fuck-up N *(mistake)* **there was a fuck-up over the travel arrangements** alguien jodió los preparativos para el viaje

fuckwit [!!] N *Insulto (stupid person)* cabronazo(a) *m,f* de mierda; **you fuckwit!** ¡cabronazo de mierda!

full → **monty**

funny farm N *(mental hospital)* frenopático *m*

furry front bottom N *(vagina)* partes *fpl* íntimas

gaffer N (boss) (in football) míster m; (at work) bos m

gagging ADJ **to be gagging for it** (desperate for sex) tener unas ganas locas de hacerlo

game N **game on!** (here we go) ¡al ataque!; **game over!** (we've had it) la hemos fastidiao!; **if we don't get that money by tonight, it's game over** (we'll be in big trouble) si no conseguimos el dinero antes de esta noche, la hemos fastidiao

gammy ADJ (bad) **I've got a gammy knee** tengo una rodilla chunga

gang bang N (group sex) gang bang m

garbage N (a) (nonsense) chorradas fpl; **what he said is complete and utter garbage** lo que dijo es una mentira de narices; **stop talking garbage!** ¡deja de decir chorradas!; **that's a load of (old) garbage!** ¡chorradas!
(b) (phrases) **that album's a load of (old) garbage** (bad) ese disco es una porquería; **you can't expect me to eat that garbage** no esperarás que me coma esa porquería

geek N (socially inept person) **he's a computer geek** es un friqui de la informática

geezer N (man) fulano m

get VT (a) (understand) coger; **I just don't get it, why can't we do it this way?** es que no lo cojo, ¿por qué no lo podemos hacer así?
(b) (look at) **get that bloke over there, is he for real?** mira a ese tío, ¿es de verdad?; **get a load of that!** ¡alucina, no te pierdas eso!; **get this, the boss says he's going to give us a pay rise!** alucina, ¡el jefe dice que nos va a subir el sueldo!
(c) (annoy) mosquear
(d) (phrases) **that's a subject that really gets me going** (gets me excited) ese es un tema que me pone a cien; **he isn't getting any** (having sex) hace tiempo que no se come un rosco

get down VI (a) (dance) mover el esqueleto
(b) US (have sex) pegarse un polvo

get off VI (a) (achieve orgasm) correrse
(b) (masturbate) **he gets off on pictures of naked women** se la casca mirando fotos de mujeres desnudas
(c) (get high on drugs) **to get off on something** flipar con algo
(d) (phrases) **to get off at Edge Hill** or **Gateshead** or **Haymarket** or **Paisley** Humorístico (experience coitus interruptus) echar marcha atrás; **she gets off on telling people what to do** (likes it) dar órdenes le pone cachonda; **did you get off with him?** (seduce) ¿te lo ligaste?

get on VT SEP **to get it on (with somebody)** (have sex) hacérselo (con alguien)

goof about

get out VI *esp US* **get out of here!** *(expresses disbelief)* ¡anda ya!

ginormous ADJ *(huge)* gansísimo(a)

girl N **he runs like a girl** *Sexista (he is a bad runner)* corre como una nenita; **he drinks like a girl** *Sexista (he can't hold his drink)* bebe como una nenita

git N **(a)** *Insulto (contemptible man)* borde *m*; **don't be such a stupid git!** ¡no seas mamonazo!
(b) *(any person)* **he's a lazy git** es vago con ganas; **she's a fat git** es una vaca; **you jammy git!** ¡tienes una suerte alucinante!

give VT **don't give me that shit!** *(that's a bad excuse)* ¡a mí no me vengas con esas chuminadas!; **I forgot to type up that report – I'll give you "forgot", I want it on my desk in five minutes!** *(expresses threat)* me olvidé de pasar a máquina el informe – qué 'olvidé' ni qué niño muerto, lo quiero encima de mi mesa en cinco minutos!; **I wouldn't mind giving it to her** *(having sex with)* no me importaría trajinármela; **did you give her one?** *(have sex with her)* ¿te la trajinaste?

Glasgow kiss N *Humorístico (headbutt)* **he gave me a Glasgow kiss** me dio un cabezazo en la cara [not slang]

gnarly ADJ *US* **(a)** *(excellent)* alucinante
(b) *(terrible)* fatal

go 1 N **to have a go at somebody** *(criticize)* meterse con alguien
2 VT **(a)** *(say)* **and she goes "no way"** y la tía va y dice "ni hablar"
(b) *(phrases)* **I could really go a beer** *(I fancy a beer)* no me importaría tomarme una birra; **I don't go much on these new digital cameras** *(I don't think they're much good)* yo no les veo nada a las nuevas cámaras digitales; **he was really going it** *(going fast)* iba a toda
3 VI **(a)** *(go to the toilet)* **I really need to go** me muero de ganas de ir al baño
(b) *(phrases)* **did you go all the way?** *(have sex)* ¿llegasteis a hacerlo?; **they were going at it hammer and tongs** *(having vigorous sex)* estaban echando un polvo salvaje; **she goes like the clappers** *(she's a nymphomaniac)* está más salida que la punta de una piragua

gob 1 N **(a)** *(mouth)* boca [not slang]; **I smacked him in the gob** le di un golpe en los morros; le di un golpe en los morros; **she gave him a gob job** *(performed fellatio on him)* se la lamió → **shut**
(b) *(spit)* **there was a lump of gob on the floor** había un lapo en el suelo
2 VI *(spit)* echar un lapo; **he gobbed at me** me echó un lapo

gobshite N *Insulto (stupid person)* tonto(a) *m,f* del haba; **you gobshite!** ¡tonto del haba!

gobsmacked ADJ *(amazed)* alucinado(a); **I was gobsmacked** me quedé alucinada

go down on VT INSEP **she went down on him** *(performed fellatio on)* le comió la polla; **he went down on her** *(performed cunnilingus on)* le comió el coño

go off VI **to go off on one** *(lose one's temper)* montar una pelotera

goof *US* **1** N **(a)** *(blunder)* metedura *f* de pata; **to make a goof** meter la pata
(b) *(idiot)* merluzo(a) *m,f*; **you goof!** ¡merluzo!
2 VI *(make mistake)* meter la pata

goof about, goof around VI

goolies

US *(mess around)* hacer chorradas

goolies NPL *(testicles)* cataplines *mpl*; **they've got us by the goolies** *(in a difficult position)* nos tienen cogidos por los cataplines

Gordon Bennett INTERJ *Eufemismo [God] (expresses surprise)* ¡ostras, Pedrín!

gormless ADJ *(stupid)* **he's gormless** es un percebe; **she gave me a gormless grin** me puso una sonrisa agilipollada

grand N **a grand** *(thousand pounds)* mil libras *fpl [not slang]*; *(thousand dollars)* mil dólares *mpl [not slang]*; **ten grand** diez mil

grass 1 N (**a**) *(marijuana)* hierba *f* (**b**) *(informer)* chivato(a) *m,f*
2 VI *(inform)* **he grassed (on his mates)** se chivó (de sus compañeros)

grass up VT SEP *(inform on)* **to grass somebody up (to somebody)** chivarse de alguien (a alguien)

grifter N US *(con artist)* timador(ora) *m,f*

groovy 1 ADJ *(cool)* dabuti
2 INTERJ *(cool)* ¡dabuti!

gross ADJ *(disgusting)* **he's gross** es un guarro; **that's gross!** ¡qué guarro!; **a really gross photo of a human skull full of maggots** una guarrada de foto de una calavera llena de gusanos

gross out VT SEP *(disgust)* **the scene where they chopped his head off really grossed me out** la escena donde le cortan la cabeza me dio un asco alucinante; **he's always trying to gross out the girls in the class with some disgusting prank or other** siempre está intentando hacer que las chicas de su clase se mueran de asco con sus guarradas

grotty ADJ (**a**) *(dirty)* cutre (**b**) *(bad quality)* cutre

grub N *(food)* papeo *m*; **have we got any grub in?** ¿tenemos algo para papear?; **grub's up!** *(the food's ready)* ¡a papear!

gut N *(stomach)* tripa *f*; **I've got gut rot** *(stomachache)* me duele la tripa
→ **cough up**

gutted ADJ *(very disappointed)* hecho(a) polvo; **I was gutted** me quedé hecho polvo

H

hacked off ADJ *(annoyed)* **to be hacked off (about something/with somebody)** estar mosqueado(a) (por algo/con alguien); **I was really hacked off about them not inviting me** me mosqueó cantidad que no me invitaran

hag N **(a)** *(ugly woman)* **she's a hag** es un cardo **(b)** *(nasty woman)* **she's an old hag** es una bruja

hair N **I could do with a hair of the dog** *(hangover cure)* no me irría nada mal algo de alcohol para curar esta resaca; **keep your hair on!** *(calm down)* ¡no te pongas así!; **that'll put hairs on your chest!** *Humorístico (of strong drink)* ¡eso resucita a un muerto!

hairy ADJ *(frightening)* **the emergency landing was pretty hairy** ¡qué miedo pasamos durante el aterrizaje forzoso! [not slang]

half-arsed, US **half-assed** ADJ *(pathetic, poor)* patatero(a); **that's a pretty half-arsed excuse!** ¡jodo, qué excusa más patatera!

hammered ADJ *(drunk)* **to be hammered** llevar una moña; **to get hammered** coger una moña

hand N **please lend us fifty quid – talk to the hand (cos the face ain't listening)!** *(expresses disinterest)* préstame cincuenta libras – ¡y a mí qué me cuentas!; **Christ, you're a fat ugly bastard! – talk to the hand (cos the face ain't listening)!** *(I'm not going to respond to your insults)* ¡Dios, que feo y gordo eres, cabrón! – tus insultos me resbalan

ⓘ Lo normal es que al mismo tiempo que dices **talk to the hand (cos the face ain't listening)!** pongas la palma de la mano abierta en dirección a la persona con la que estás hablando, casi tocándole la cara, a la vez que giras la cabeza y miras hacia otra parte.

handbags NPL **it was handbags (at ten paces)** *Humorístico (it wasn't a serious argument)* no llegó la sangre al río

hand job N *(act of masturbating another person)* paja f; **to give somebody a hand job** hacerle una paja a alguien

hang VI **(a)** *(spend time)* pasar el rato; **what are you doing? – just hanging** ¿qué haces? – pues nada, pasando el rato
(b) *(phrases)* **how's it hanging?** *(how are you?)* ¿qué pasa, colega?

hang out VI **(a)** *(spend time)* pasar el rato; **he hangs out with a bunch of skinheads** sale mucho con una banda de skins; **what are you doing? – just hanging out** ¿qué haces? – pues nada, pasando el rato
(b) *(phrases)* **just let it all hang out** *(relax)* tranqui, relájate

hanky-panky N *Humorístico (sex)*

happy

there were rumours of hanky-panky in the president's office se rumoreaba que en la oficina del presidente tenían lugar aventurillas sexuales

happy ADJ **he was not a happy bunny** or **camper** or **chappy when he found out** *Humorístico* (he was upset) cuando se enteró cogió un cabreo de no te menees; **he's not a happy bunny** or **camper** or **chappy, he hardly ever smiles** *Humorístico* (he's an unhappy person) los he visto más felices que él, nunca sonríe

happy slapping N (assault recorded on a cameraphone) **a happy slapping incident** una paliza grabada por los agresores con un móvil [not slang]

hardcore ADJ (extreme) jarcor

hard-on N (erection) **he got a hard-on** se le empalmó; **he had a hard-on** estaba empalmado

hash N (hashish) costo m

haul VT US **to haul ass** (hurry up) mover el culo

have VT (a) (have sex with) **did you have him?** ¿te lo hiciste?
(b) (beat up) zumbar; **I could have you any day** cuando quieras te caliento a base de bien
(c) (deceive) **you've been had** te han camelado
(d) (phrases) **I think you've had enough, mate** (enough to drink) ya has bebido más de la cuenta, colega; **I've just about had it** or **I've had it up to here with you/with this job!** (I'm fed up) ¡estoy hasta las narices de ti/de este trabajo!; **this car has had it** (it's beyond repair) este coche está para el arrastre; **we've really had it now the boss has found out** (we're in trouble) ahora que el jefe se ha enterado sí que la hemos fastidiado; **I've had it, I can't walk another step** (I'm tired) estoy hecho polvo, ya no puedo caminar más; **I'm really going to let them have it when they get home** (tell them off) cuando lleguen a casa se van a enterar de lo que vale un peine; **I tried to convince her to lend me her car, but she wasn't having any of it** (she refused to listen) intenté convencerla para que me dejara el coche, pero ella ni caso; **we'd had one or two, we'd had a couple** (a few drinks) habíamos tomado un par de copas

have away VT SEP **they were having it away on the back seat** (having sex) se lo estaban haciendo en el asiento de atrás

have in VT SEP **she has it** or **she's got it in for me** (bears me a grudge) la tiene tomada conmigo

have off VT SEP **did you have it off with him?** (have sex) ¿te lo tiraste?

have on VT SEP (tease) **it isn't really true, I was just having you on** no es verdad, me estaba quedando contigo; **are you having me on?** ¿te estás quedando conmigo?

head N **you should get your head examined** (you must be mad) tú estás mal del coco; **does she give head?** (fellate) ¿te la chupa?; **he's got his head up his arse** or US **ass** (he's full of himself) es un creído de mierda; **we laughed our heads off** (laughed a lot) nos tronchamos; **he was out of his head** (drunk, on drugs) llevaba un ciego alucinante; **she's totally off** or **out of her head** (she's mad) está como una chota; **are you off** or **out of your head?** (are you crazy?) ¿te falta un tornillo? → **do in**

headcase N (a) (eccentric person) **she's a headcase** está sonada
(b) (violent person) **he's a headcase** es un lunático peligroso

hello

heat N US **the heat** *(police)* la pasma

hell 1 N **there were a hell of a lot of people there** *(lots)* había allí una porrada de gente; **it could have been a hell of a lot worse** *(much worse)* podría haber sido muchísimo peor; **they earn a hell of a lot** *(a huge amount)* ganan la leche de dinero; **we had a hell of a job doing it** *(it was very difficult)* nos costó un esfuerzo de la leche hacerlo; **we had a hell of a time** *(good)* nos lo pasamos como Dios; *(bad)* las pasamos moradas; **he put up a hell of a fight** *(resisted strongly)* opuso una resistencia del copón; **he's one** *or* **a hell of a guy** *(great)* es una pasada de tío; **the waterfall was as big as hell** *(very big)* era una cascada de la leche; **it's as cold as hell in here!** ¡leche(s), qué frío hace aquí dentro!; **they beat** *or* **kicked** *or* **knocked the hell out of us** *(beat us up)* nos forraron a leches; *(defeated us heavily)* nos dieron un baño de la leche; **he bores the hell out of me** *(I find him very boring)* con él me aburro que te cagas; **the neighbours from hell** *(terrible neighbours)* una pesadilla de vecinos; **go to hell!** ¡vete a la mierda!; **you lied! – did I hell!** *(I didn't)* mentiste – ¡y una leche!; **he's got a new car – has he hell!** *(he doesn't)* tiene un coche nuevo – ¡y una leche!; **I feel like hell** *(ill)* me siento fatal; **she gave me hell about it** *(a hard time)* me las hizo pasar canutas; **give them hell!** *(expresses encouragement)* ¡dales caña!; **it hurts like hell** *(a lot)* me duele un huevo!; **you look like hell** *(terrible)* tienes un aspecto de culo; **to run like hell** *(run for one's life)* correr a toda leche; **he's going out with her – like hell (he is)!** *(expresses disagreement)* está saliendo con ella –¡y una leche!; **I'm going to leave now – like hell you are!** *(no you're not)* me voy ahora – ¡y una leche te vas a ir!; **get the hell out of here!** ¡vete de aquí a toda leche!; **what/where/when/who/why the hell…?** *(for emphasis)* ¿qué/dónde/cuándo/quién/por qué demonios…?; **what the hell, you only live once!** *(I might as well)* ¡qué demonios! ¡sólo se vive una vez!; **to hell with it, let's do something else!** *(expresses frustration)* ¡a paseo, vamos a hacer alguna otra cosa!; **to hell with what they think!** *(I don't care)* ¡me importa un pimiento lo que piensen!; **I just hope to hell he leaves** *(I really hope)* a ver si se marcha de una maldita vez → **bleeding, blinking, bloody, blooming, flaming, flipping, freaking, frigging, fucking, sodding**
2 INTERJ *(expresses annoyance)* ¡leche(s)!; *(expresses surprise)* ¡ostras!; **oh hell, we're in big trouble now!** *(expresses fear)* ¡leche(s), ahora sí que la hemos fastidiado!; **did you say yes? – hell, no!** *(of course not)* ¿dijiste que sí? – ¡qué va, hombre!

hellish ADJ *(very bad)* horroroso(a)

hellishly ADV *(for emphasis)* **it was hellishly difficult** fue súper difícil; **it was hellishly hot** hacía un calor infernal; **the speech was hellishly boring** el discurso fue un rollo patatero; **I'm hellishly thirsty** tengo una sed que me muero

hello INTERJ *Irónico (expresses outrage)* **of course he's not my boyfriend, I mean hello? the guy's a total loser!** claro que no es mi novio, ¿de qué vas? ¡el tío es un colgado total!; **so they're all bitching about me and I'm like hello? I am still here you know!** me están poniendo a parir y yo, oye tía, que estoy aquí, ¿sabes?; **you**

hick

think you're going to pull dressed like that? hello? *(are you crazy?)* ¿te crees que con esa ropa vas a ligar? ¿de qué vas?

hick N *esp US (country bumpkin)* paleto(a) *m,f*

high 1 N *(from drugs)* colocón *m*; **it gave me an amazing high** me dio un colocón alucinante
2 ADJ *(on drugs)* **to be high** estar colocado(a); **to be high as a kite** llevar un colocón alucinante; **to get high (on something)** colocarse (con algo) → **five**

hit 1 N (**a**) *(murder)* **he was killed in a Mafia hit** se lo cepilló la Mafia
(**b**) *(of drug) (puff on joint)* calada *f*; *(injection of heroin, etc)* chute *m*; **this stuff gives you quite a hit** esto coloca cantidad
2 VT (**a**) *(go to)* **let's hit the disco** larguémonos a la discoteca; **we thought we might hit the town tonight** pensábamos salir de marcha por la ciudad esta noche; **I think I'm going to hit the road** *(leave)* creo que me voy a abrir; **I'm going to hit the sack now** *(go to bed)* me voy a meter al sobre
(**b**) *(phrases)* **that whisky really hit the spot** *(was just what I needed)* ese whisky me ha sentado de película

hitched ADJ *(married)* **to get hitched** casarse [not slang]

hit on VT insep US *(flirt with)* tirar los tejos a

ho N *esp US Sexista (woman)* jaca *f*

hog 1 N (**a**) *(person who eats too much)* tragón(ona) *m,f*
(**b**) *(selfish person)* abusica *mf*
2 VT *(keep for oneself)* **he hogged the computer all afternoon** estuvo pegado al ordenador toda la tarde sin dejar que nadie más lo usara

hold → **cop**

hole N (**a**) *(unpleasant place)* **this bar/town is a hole** este es un bar/un pueblo de mala muerte
(**b**) *(anus)* ojete *m*; **get your hole over here!** *(come here)* ¡ven aquí echando hostias!
(**c**) *(vagina)* agujero *m*
(**d**) *Sexista (women)* [!!] **there was some tasty hole down at the disco last night** había unas corderas de puta madre en la disco ayer por la noche; **look at that bit of hole over there** mira a esa jaca que hay ahí
(**e**) *(sex)* **you look like you haven't been getting your hole recently** parece que hace tiempo que no te pasas a nadie por la piedra
(**f**) *(phrases)* **I need his help like I need a hole in the head** *(it's the last thing I need)* maldita la falta que me hace su ayuda

homeboy, homey N *US* (**a**) *(friend)* amiguete *m*
(**b**) *(fellow gang member)* compinche *m*

hood N *US* **the hood** *(neighbourhood)* el barrio [not slang]

hoodie N (**a**) *(hooded sweatshirt)* sudadera *f* con capucha [not slang]
(**b**) *(person wearing a hooded sweatshirt)* tío(a) *m,f* con una sudadera con capucha

ⓘ Las **hoodies** son sudaderas con capucha, que normalmente tienen un bolsillo grande en la parte de delante. Son el uniforme favorito de muchos jóvenes, pero los adultos y los medios de comunicación los asocian con los delincuentes juveniles, pandilleros y traficantes de drogas.

hooked ADJ *(addicted)* **to be hooked (on heroin)** estar enganchado(a) (a la heroína); **I'm**

hooked on that computer game ese juego de ordenador me tiene enganchado

hooker N *esp US (prostitute)* puta *f*

hooky, hookey N *US* **to play hooky** *(play truant)* hacer novillos

Hooray Henry N *(loud, upper-class young man)* pijo *m*

ⓘ Los **Hooray Henrys** son jóvenes de clase alta que se creen que son el no va más y que se comportan de forma ostentosa. Se les reconoce fácilmente porque hablan en voz muy alta y con acento pijo. Tienes muchas probabilidades de encontrártelos en algunas de las universidades más tradicionales.

horn N *(erection)* trempera *f*; **to have the horn** *(be sexually aroused)* estar caliente; **it gives me the horn** *(arouses me sexually)* me calienta

horny ADJ (**a**) *(sexually aroused)* cachondo(a); **he's a horny bugger** es un salido; **to be** or **feel horny** estar cachondo
(**b**) *(sexually attractive)* **she's really horny** está que te cagas

hot 1 ADJ (**a**) *(sexually attractive)* caliente; **she's really hot** está muy rica
(**b**) *(sexually aroused)* caliente; **I'm so hot for you, baby** me pones a mil, nena
(**c**) *(stolen)* chorizado(a); **some hot wheels** *(stolen car)* un coche chorizado
(**d**) *(radioactive)* radioactivo(a) [not slang]
(**e**) *(good)* **the hottest new records** los discos nuevos más molones; **I'm not very hot on that subject** no estoy muy puesto en el tema; **he's really hot on computers** sabe cantidad de ordenadores; **she's pretty hot shit when it comes to crosswords** los crucigramas se le dan de puta madre; **I'm not feeling so hot** *(I'm unwell)* no me encuentro muy así
(**f**) *(in form)* **to be hot** estar a tope
2 NPL **to have the hots for somebody** *(be sexually attracted to)* estar coladito(a) por alguien

hubby N *(husband)* maridito *m*

huff N *(angry mood)* **to be in a huff** estar mosqueado(a); **to get in a huff** mosquearse; **she went off in a huff** se marchó mosqueada

humongous ADJ *(enormous)* superganso(a)

hump 1 N (**a**) *(sex)* casquete *m*
(**b**) *(angry mood)* **he's got the hump** está de mal café; **what's given you the hump, then?** ¿por qué estás de mal café?
2 VT (**a**) *(have sex with)* echarse un casquete con
(**b**) *(carry)* **we spent the day humping sacks of coal around** nos pegamos todo el día cargando como burros sacos de carbón
3 VI *(have sex)* echarse un casquete

hung ADJ **he's hung like a carthorse** or **mule** *Humorístico (has large genitals)* tiene un paquete tremendo

hunk N *(attractive man)* guaperas *m inv*

hunky ADJ *(physically attractive)* macizo

hyper ADJ *(overexcitable)* acelerado(a)

I

in 1 ADJ **it's the in place to go this summer** *(fashionable)* es el lugar más in del verano; **you're well in there, mate!** *(you have a good chance of seducing that woman)* la tienes en el bote, tío
2 ADV **you're in for it** *(in trouble)* te la vas a cargar
3 PREP **get in there, my son!** *(encouraging seduction)* ¡venga, tío, lánzate!

innit ADV *(used as a tag)* **I ain't got enough dosh, innit?** que no tengo suficiente pasta, ¿entiendes?; **he's the big boss, innit?** es que él es el jefazo

item N **they're an item** *(they're a couple)* están saliendo

Insults — Insultos

En inglés hay un montón de insultos para todo tipo de gente, desde tu suegra (**the old bag** – *la bruja*) hasta el árbitro (al que normalmente se le llama **the blind bastard in the black** – *el cabrón cegato de negro*). Por eso, es importante que sepas qué insultos son adecuados para cada situación.

El insulto más fuerte que existe en inglés británico es **fucking cunt** (*hijo de la gran puta*). Es un insulto muy, pero que muy fuerte, mucho más insultante que el segundo insulto más fuerte, que es **fucking bastard** (*hijo de puta*).

Muchos de los insultos más fuertes que existen en inglés se aplican únicamente a hombres, aunque a veces los puedan usar también las mujeres entre ellas si realmente quieren ofender a la otra. Los dos insultos ya mencionados suelen aplicarse sólo a hombres, al igual que otros insultos fuertes como **arsehole** (*gilipollas*), **(bloody) bastard** (*cabrón/cabronazo de mierda*), **dickhead** (*capullo*), **fucker** (*hijo de perra*), **prick** (*capullo*) y **wanker** (*maricón*).

El insulto más fuerte que se le puede decir sólo a una mujer es **fucking bitch** (*hija de puta*); **fucking cow** (*bruja de mierda*) es bastante parecido pero un poco menos fuerte. Hay otros insultos no tan fuertes que se refieren a las mujeres, como **stupid/silly bitch** (*cabrona*) y **stupid/silly cow** (*mamona*), o incluso otro todavía menos fuerte como **old bag** (*bruja*).

Entre los insultos más comunes y menos fuertes aplicados a hombres se encuentran **sod** (*guarro*), **prat** (*mamón*), **pillock** (*mamón*) y **plonker** (*gilipuertas*), mientras que **twerp** y **twit** (*memo/mema*) se pueden usar tanto con hombres como con mujeres.

Con frecuencia, a los insultos se les añade un adjetivo como **bloody**, **fucking** o **stupid**, para que sean más enfáticos todavía. Así, por ejemplo, **arsehole** se convierte en **fucking arsehole** (*gilipollas de mierda*) o **stupid arsehole** (*gilipollas del copón*), y **you sod** se puede convertir en **you bleeding sod** (*guarro asqueroso*).

Como habrás visto en los dos últimos ejemplos, cuando insultas directamente a alguien en inglés, pones delante del insulto la palabra **you**. Se puede omitir el **you**, por ejemplo, puedes decir **pillock** o **wanker**, en vez de **you pillock** o **you wanker**, pero es menos frecuente.

J

jack in VT SEP *(give up, stop)* **shall we jack it in for now?** ¿lo dejamos ya?; **I'm going to jack my job in and travel round the world** voy a mandar mi empleo a paseo y viajar por el mundo

jack off VI *(masturbate)* **he was jacking off** se la estaba cascando

jacksie, jacksy N *(anus)* ojete *m*; **(stick** or **shove it) up yer jacksie!** *(get stuffed)* ¡métetelo donde te quepa!

jammy ADJ *(lucky)* **to be jammy** tener potra; **you jammy bastard!** ¡has tenido una potra del copón!

jar N *(beer)* **to go for a couple of jars** ir a tomas unas birras

jerk N *Insulto (stupid man)* capullo *m*; **you stupid jerk!** ¡capullo!

jerk around VT SEP *(waste time of)* **I'm fed up of being jerked around by this airline** estoy harto de cómo me vacilan en esta compañía aérea

jerk off 1 VT SEP **he was jerking himself off** *(masturbating)* se la estaba cascando
2 VI *(masturbate)* **he was jerking off** se la estaba cascando

Jesus INTERJ *(expresses annoyance, surprise, relief)* ¡Dios!; **Jesus Christ!** *(expresses annoyance, surprise, relief)* ¡Dios!; **Jesus fucking Christ!** *(expresses annoyance, surprise, relief)* ¡hostia puta!; **sweet** or **holy Jesus!** *(expresses surprise, relief)* ¡Virgen santa!

ⓘ Hay que tener cuidado al usar expresiones con la palabra **Jesus**. Aunque para mucha gente esas expresiones son normales, a algunas personas creyentes les parecen bastante fuertes.

job N **(a)** *Humorístico (excrement)* chorizo *m*; **to do a job** dejar un chorizo
(b) *(phrases)* **he was on the job** *(having sex)* estaba haciéndolo

Jock N *Racista (Scottish person)* escocés(esa) *m,f* del copón; **oi, Jock, come over here!** ¡ven aquí, escocés del copón!

ⓘ Para la mayoría de los escoceses el término **Jock** es racista, especialmente cuando son ingleses los que lo utilizan de una manera peyorativa. Esto ocurre, por ejemplo, cuando la palabra lleva delante adjetivos como **fucking** o **stupid**, o cuando se utiliza para dirigirse a un escocés en vez de utilizar su nombre propio. Sin embargo, en algunos contextos el término es utilizado de una forma más neutral o incluso humorística, sin intención de ofender a los escoceses. Por ejemplo, el término es más humorístico que racista en usos periodísticos como **Jock rock** (que se utiliza para referirse a la música rock escocesa). Hay sin embargo quienes argumentan que estos usos teóricamente más inofensivos no son más que una prueba del racismo endémico que hay en la sociedad inglesa hacia los escoceses. Es preferible que un hablante no nativo de inglés no utilice el término.

jock N *US (athlete)* **she's going out with a (dumb) jock** está saliendo con uno de esos maromos deportistas

john N *US (toilet)* baño *m* *[not slang]*; **I need to go to the john** necesito mear/cagar

johnson N *US (penis)* pito *m*

joint N (**a**) *(cannabis cigarette)* porro *m* (**b**) *US (prison)* **to be in the joint** estar en chirona (**c**) *US (penis)* rabo *m*

jugs NPL *Sexista (breasts)* melones *mpl*

junkie, junky N *(drug addict)* drogata *mf*; **she's a biscuit junkie** *(loves biscuits)* está enganchada a las galletas

K

kick VT **she kicked my ass** *esp US (defeated me)* me dio una soba de leche; **he kicked my butt** *esp US (defeated me)* me dio una soba; **let's get out there and kick some ass/butt** *esp US (have a good time)* vamos a salir y pasarlo de puta madre/de pánico; **he's really going to kick some ass/butt when he finds out** *esp US (punish)* cuando se entere a alguien se le van a caer los huevos/se le va a caer el pelo; **their new record really kicks ass/butt** *esp US (it's excellent)* su nuevo disco es cojonudo/está de pánico; **to kick the bucket** *Humorístico (die)* estirar la pata; **she kicked it** *(died)* la palmó → **arse, ass, crap, shit, shite**

kickin' ADJ *(excellent)* total

kick out VT SEP **I wouldn't kick him out of bed!** *Humorístico (he's attractive)* ¡no me importaría hacerle un favor!

kiddie fiddler N *(paedophile)* pedófilo(a) m,f [not slang]

kinky ADJ *(perverse)* **he's into kinky sex** le va el sexo un poco salido; **she was wearing those kinky boots of hers** llevaba esas botas suyas que tienen tanto morbo; **you kinky devil!** ¡eres un pervertido de narices!

kip **1** N *(sleep)* **you'd better get some kip before we go** será mejor que te eches a sobar un rato antes de que nos vayamos; **to have a kip** sobar
2 VI *(sleep)* sobar; **we'll just kip on the living room floor** nos pondremos a sobar en el suelo del salón

kiss VT **kiss my arse** *or US* **ass** *(get stuffed)* ¡vete a la mierda!; **she's always kissing the teacher's arse** *or US* **ass** *(being sycophantic towards)* siempre está lamiéndole el culo al profesor; **she's always kissing arse** *or US* **ass** *(being sycophantic)* siempre está lamiendo el culo a la gente

kit N **she got her kit off in front of everyone** *(undressed)* se puso en pelotas delante de todos; **get your kit off, you horny bastard!** ¡enséñame ese cuerpo tan cachondo!

klutz N *US* **(a)** Insult *(stupid person)* chorra m,f; **you klutz!** ¡chorra!
(b) Insult *(clumsy person)* patoso(a) m,f; **you klutz!** ¡patoso!

knacker VT **(a)** *(exhaust)* hacer polvo a; **to knacker oneself** reventarse
(b) *(break)* cascar
(c) *(injure)* hacer polvo
(d) *(ruin, spoil) (plans, chances)* mandar al garete

knackered ADJ **(a)** *(tired)* hecho(a) polvo
(b) *(broken)* cascado(a); *(worn-out)* hecho(a) polvo
(c) *(injured)* hecho(a) polvo
(d) *(ruined, spoiled)* **our plans are knackered** nuestros planes se han ido al garete

knickers 1 NPL **to get one's knickers in a twist** *(get agitated)* sulfurarse; **to get into somebody's knickers** *(have sex with)* llevarse a alguien al huerto
2 INTERJ *(nonsense!)* ¡bobadas!; **knickers (to you)!** *(get lost)* ¡vete a paseo!

knob 1 N (**a**) *(penis)* picha *f*
(**b**) *(phrases)* **he's a sex maniac with knobs on!** *(as intensifier)* es un obseso sexual de no te menees; **you stupid git! – same to you with knobs on!** *(reply to insult)* ¡mamonazo! – ¡y tú más!
2 VT *(have sex with)* **he's been knobbing the neighbour's wife** se ha estado trajinando a la mujer del vecino

knob-end N *Insulto (stupid person)* capullo(a) *m,f*; **you knob-end!** ¡capullo!

knock → **crap, shit, shite**

knockers NPL *Sexista (breasts)* peras *fpl*

knot → **tie**

kooky ADJ *esp US (eccentric)* **she's kooky** es muy rarita

kraut *Racista* **1** N (**a**) *(German person)* alemán(ana) *m,f* del copón (**b**) *(German language)* alemán *m* del copón
2 ADJ alemán(ana) del copón

> ⓘ El término **kraut** es racista en algunos contextos, especialmente cuando sigue adjetivos como **fucking** o **stupid**. Sin embargo, en muchos contextos se utiliza de una manera más cariñosa o incluso humorística, sin intención de ofender a los alemanes. Lo mismo ocurre cuando el término se utiliza para referirse a la lengua alemana. Hay sin embargo quienes argumentan que estos usos teóricamente más inofensivos no son más que una prueba del racismo endémico que hay en la sociedad inglesa hacia los alemanes. Es preferible que un hablante no nativo de inglés no utilice el término.

L

laid ADJ **did you get laid at the weekend, then?** (have sex) ¿lo hiciste con alguien durante el fin de semana?; **all men are interested in is getting laid** (having sex) los hombres sólo piensan en llevarse a alguien a la cama

lardarse, US **lardass** N (fat person) gordo(a) m,f seboso(a)

lardy ADJ (fat) **he's a lardy git** es una vaca gorda

later, later on, laters INTERJ (goodbye) talué, taluego

lay N (sexual partner) **he's a good lay** es un monstruo en la cama; **she's an easy lay** es un polvo fácil

leak N **to take** or **have a leak** (urinate) mear

leave VT **leave it out!** (expresses disbelief) ¡anda ya!; (stop doing that) ¡para ya!

lech N (lecherous man) salido m

leg 1 N **did you get your leg over?** (have sex) ¿mojaste el churro? → **fuck**
2 VT **we legged it** (ran away) nos las piramos; **we're going to have to leg it** (hurry) nos vamos a tener que meter caña; **he legged it out of the house** (ran) salió escopeteado de la casa

legless ADJ (drunk) **to be legless** llevar un colocón; **to get legless** agarrar un colocón

lez, lezzy N Homofóbico tortillera f, bollera f

lid → **flip**

life N **get a life!** (don't be so boring) ¡no seas tan petardo!

like ADV (used to introduce reported speech) **he asked me if I'd go out with him, and I'm like "no way!"** me preguntó si quería salir con él, y yo voy y le digo, "¡ni hablar!"; **... and he's like "I can't be arsed"** ... y va y suelta "no me sale de los huevos"

load → **cop**

loaded ADJ **to be loaded** (rich) estar forrado(a); (drunk) estar cargado(a); (on drugs) estar colocado(a); **to get loaded** (drunk) cargarse; (on drugs) colocarse

loaf N **use your loaf!** (use your brain) ¡usa el coco!

loony 1 N (**a**) (mentally ill person) chiflado(a) m,f; **loony bin** (mental hospital) frenopático m
(**b**) (eccentric person) chiflado(a) m,f
2 ADJ (**a**) (mentally ill) chiflado(a)
(**b**) (crazy) chiflado(a); **the loony left** (in politics) la izquierda lunática

ⓘ En la acepción (**a**), el término **loony** se considera un término ofensivo para los que sufren de una enfermedad mental.

lose → **bottle**

loser N Insulto (useless person) colgado(a) m,f

lost ADJ **get lost!** *(go away)* ¡vete a paseo!; *(expresses disbelief)* ¡bien!; *(expresses refusal)* ¿de qué vas?

lousy ADJ **(a)** *(very bad)* **it's a lousy film** es un churro de película; **we had a lousy time** lo pasamos de pena; **they got me a lousy present** me dieron una cutrería de regalo; **to be in a lousy mood** estar de un humor de perros; **I feel lousy about what I said to her** me siento de pena por lo que le dije

(b) *(ill)* **to feel lousy** encontrarse chungo(a)

(c) *(expresses contempt)* **he gave me twenty lousy quid** me dio veinte libras de mala muerte

lucky ADJ **did you get lucky last night?** *(have sex)* ¿te comiste algo anoche?; **are you getting a pay rise too? – I should be so lucky!** *(if only)* ¿te van a subir el sueldo también? – ¡ya me gustaría!

lunchbox N *Humorístico (man's genitals)* paquete *m*

M

make out VI *esp US* **to make out (with somebody)** *(kiss and canoodle)* enrollarse (con alguien)

man INTERJ *esp US (form of address)* **stop that, man!** ¡déjalo ya, tío!; **hey man, what are you doing?** oye, tío, ¿qué haces?; **hey man, that's great!** hosti, macho, ¡qué bien!; **man, am I tired!** *(I'm very tired)* ¡que estoy cansado, macho!

man boobs NPL *Humorístico (large, flabby male pectorals)* tetas *fpl*; **look at the man boobs on him!** ¡qué tetas tiene ese tío!

mare N *(difficult thing, nightmare)* **it was a mare** fue súper chungo

measly ADJ *(paltry)* **all we got was a measly ten quid** todo lo que nos dieron fueron diez libras de mala muerte; **he's a measly git** *(mean)* es un roña de no te menees

mega 1 ADJ *(excellent)* súper
2 INTERJ *(excellent)* ¡súper!

mensch N *US (decent person)* **he's a real mensch** es un tío legal

mental ADJ (**a**) *(crazy)* **he's mental** *(person)* es un pirado peligroso; **things have been pretty mental at the office this week** *(hectic)* hemos ido de cráneo en la oficina esta semana; **he went mental** *(got furious)* le dio un patatús; **the crowd went mental when she came on stage** *(they went wild with excitement)* el público se volvió loco cuando salieron al escenario

(**b**) *(excellent)* brutal

Mickey-Mouse ADJ *(second-rate)* de pacotilla

miffed ADJ *(annoyed)* **to be miffed (about something/with somebody)** estar mosqueado (por algo/con alguien); **I'm really miffed about what she said** me mosqueó mucho lo que dijo

mincer N *Homofóbico (homosexual)* mariposón *m*

minger N *(ugly person)* aborto *m*

minging ADJ (**a**) *(disgusting)* **to be minging** ser una porquería
(**b**) *(smelly)* **your socks are minging** tus calcetines atufan; **his pits were totally minging** le cantaban los alerones que no veas
(**c**) *(ugly)* **to be minging** ser un feto
(**d**) *(bad, horrible)* **to be minging** ser como para potar

missus N **the missus** *(wife)* la parienta

mo ADJ *esp US (very)* total; **we're going to be playing some mo phat sounds today** hoy vamos a poner una música supertotal

mobbed ADJ *(busy, jam-packed)* **town was mobbed** el centro estaba petado de gente

monkey N **I couldn't** *or* **don't give a monkey's** *(don't care)* me importa un pijo → **brass**

monty N **you get to see the full monty** *(everything)* se le ven todas

mutant

las partes; **shall we just decorate the kitchen, or shall we do the full monty?** ¿pintamos sólo la cocina o vamos a por todas?

moon VI *(expose one's buttocks)* enseñar el culo

moron N *Insulto (stupid person)* subnormal *mf*; **you moron!** ¡subnormal!

ⓘ Aunque **moron** ya casi no se usa para referirse a un discapacitado psíquico, la acepción *estúpido* sigue siendo un término ofensivo para los que sufren de una enfermedad mental.

moronic ADJ *(stupid)* **what a moronic thing to say/do!** ¡menuda chorrada!; **you and your moronic friends can piss off!** ¡tú y los subnormales de tus amigos os podéis ir a la mierda!

mother N *esp US* (**a**) *(person)* **he's a clever mother** ¡qué listo es el cabroncete!; **some mother stole my pen** algún bandarra me ha chorizado el boli
(**b**) *(difficult thing)* **this sum's a real mother** esta suma es chunga; **this door's a mother to open** no hay quien abra esta puñetera puerta

motherfucker 1 N *esp US* (**a**) *Insulto (contemptible person)* [!!] hijo(a) *m,f* de la gran puta; **come here, motherfucker!** ¡ven aquí, hijo de la gran puta!
(**b**) *(person)* **he's a clever motherfucker** ¡qué listo es el hijo de puta!; **the poor motherfucker broke his leg** el pobre cabrón se rompió la pierna; **some motherfucker stole my pen** algún cabrón me ha chorizado el boli
(**c**) *(difficult thing)* **this sum's a real motherfucker** esta suma es una cabronada; **this door's a motherfucker to open** está superjodido abrir esta puerta
2 INTERJ *(expresses annoyance)* [!!] ¡hostia puta!; **you're fired! – motherfucker!** ¡quedas despedido! – ¡que te jodan, cabrón!

motor N *(car)* coche *m* *[not slang]*

mouth off VI *(boast)* **he's always mouthing off about what an expensive motor he has** siempre está fardando del coche tan caro que tiene

move → **arse**

muff 1 N (**a**) *(vagina)* chumino *m*
(**b**) *Sexista (women)* chorbas *fpl*
2 VT (**a**) *(drop)* **to muff a catch** pifiar una recepción
(**b**) *(make a mess of)* **to muff a chance** pifiar una oportunidad

mug N (**a**) *(face)* **fancy having to see that ugly mug in the mirror every morning!** ¡imagínate tener que ver ese careto en el espejo todas las mañanas!; **mug shot** foto *f* policial *[not slang]*
(**b**) *(dupe)* primo(a) *m,f*

munchies NPL **I've got the munchies** *(I'm peckish)* me ha entrado la gusa

muppet N *Insulto (stupid person)* berzotas *mf inv*; **you muppet!** ¡berzotas!

mush N (**a**) *(mouth)* **I socked him one in the mush** le arreé una buena en los morros; **keep your mush shut** mantén el pico cerrado → **shut**
(**b**) *(form of address)* **oi, mush!** ¡eh, colega!

mutant N *(weird person)* colgado(a) *m,f* total

N

naff ADJ (**a**) *(showing poor taste) (film, dress)* cursi; **not inviting her to the party was a really naff thing to do** fue muy cutre que no la invitaran a la fiesta
(**b**) *(phrases)* **you've done naff all today** *(nothing)* has estado tocándote las narices todo el día; **you know naff all about the subject, so shut up!** *(you know nothing)* no tienes ni pajolera idea del tema, ¡cállate!; **we got naff all help from them** *(none)* no movieron un dedo para ayudarnos

naff off 1 VI *(go away)* **tell him he can naff off** dile que se vaya a la eme
2 INTERJ *(go away)* ¡vete a la eme!; *(expresses disbelief)* ¡anda ya!; *(expresses refusal)* ¡nones!

narked ADJ *(annoyed)* mosqueado(a); **to be narked about something/with somebody** estar mosqueado por algo/con alguien; **to get narked about something/with somebody** mosquearse por algo/con alguien

neat 1 ADJ *(great)* molón(ona); **that'd be really neat** molaría
2 INTERJ *(great)* ¡mola!

neck → **pain**

nerd N *(socially inept person)* colgado(a) *m,f*, nerd *mf*; **he's a computer nerd** es un colgado obsesionado con los ordenadores

nick 1 N (**a**) *(prison)* chirona *f*; **to be in the nick** estar en chirona
(**b**) *(police station)* comisaría *f* [not slang]
(**c**) *(condition)* **to be in really good/bad nick** estar en superbuén/supermal estado
2 VT (**a**) *(arrest)* trincar; **she got nicked for shoplifting** la trincaron por robar en una tienda; **you're nicked!** ¡te pillamos!
(**b**) *(steal)* mangar; **who nicked my pen?** ¿quién me ha mangado el boli?

nifty ADJ *(stylish)* molón(ona)

nigger [!!] N *Racista (black person)* negrata *mf* de mierda

> ⓘ Cuando un blanco utiliza la palabra **nigger** para referirse a un negro es uno de los términos más racistas que existen, pero cuando la palabra la utilizan los negros para referirse a ellos mismos pierde su carácter ofensivo, aunque a veces sigue teniendo una connotación de persona de color pobre y oprimida socialmente.

no-brainer N **it's a no-brainer** *(it's obvious)* es de cajón

no-no N *(thing to be avoided)* **turning up late for work is an absolute no-no in our office** ni de cola se te ocurra llegar tarde a nuestra oficina

nookie N Humorístico *(sex)* **I haven't had any nookie for ages** hace siglos que no me echo un quiqui; **I fancy a bit of nookie** no me importaría echar un quiqui

nosh 1 N *(food)* manduca *f*
2 VI *(eat)* manducar

not ADV **he's a really nice guy... not!** *Humorístico (he isn't nice)* es un tío genial... ¡qué va!; **I don't fancy her – not much you don't!** *(yes you do)* no me gusta – ¡anda que no te gusta ni nada!

nuddy N **to be in the nuddy** *(naked)* estar en pelota picada

nuke 1 N *(nuclear bomb)* bomba *f* atómica *[not slang]*
2 VT (**a**) *(drop nuclear bomb on)* atacar con la bomba atómica *[not slang]*
(**b**) *Humorístico (microwave)* hacer en el microondas *[not slang]*

number N **to do a number one** *Eufemismo (urinate)* hacer pipí; **to do a number two** *Eufemismo (defecate)* hacer caca

nut 1 N (**a**) *(head)* coco *m*; **use your nut!** *(use your common sense)* ¡usa el coco!; **he did his nut when he found out** *(was very angry)* agarró un cabreo alucinante cuando se enteró; **are you off your nut or something?** *(are you crazy?)* ¿estás mal del coco o qué?
(**b**) *(crazy person)* chiflado(a) *m,f*
(**c**) *(fan)* **she's an Ally McBeal nut** le chifla Ally McBeal
2 VT **I nutted him** *(headbutted him)* le di un cabezazo en la cara *[not slang]*; *(kicked him in the testicles)* le pegué un rodillazo en los cataplines

nutcase N (**a**) *(eccentric person)* **she's a nutcase** está pirada
(**b**) *(violent person)* **he's a nutcase** es un lunático peligroso
(**c**) *(mentally ill person)* chiflado(a) *m,f*

ⓘ En la acepción (**c**), el término **nutcase** se considera un término ofensivo para los que sufren de una enfermedad mental.

nuts 1 NPL *(testicles)* bolas *fpl*; **they've got us by the nuts** *(in a difficult position)* nos tienen cogidos de los huevos
2 ADJ (**a**) *(crazy)* majara; **it's driving me nuts** *(annoying me)* me está volviendo majara; **to go nuts** *(go crazy)* volverse majara; *(get angry)* ponerse a cien
(**b**) *(keen)* **to be nuts about something/somebody** estar loquito(a) por algo/alguien
3 INTERJ **nuts to you!** *(get stuffed)* ¡vete a paseo!; **nuts to that!** *(no way)* ¡ni loco!

nutter N (**a**) *(eccentric person)* pirado(a) *m,f*
(**b**) *(mentally ill person)* pirado(a) *m,f*

ⓘ En la acepción (**b**), el término **nutter** se considera un término ofensivo para los que sufren de una enfermedad mental.

nympho N *(nymphomaniac)* ninfómana *f [not slang]*

O

oats NPL **he hasn't been getting his oats** *Humorístico (having regular sex)* hace tiempo que no moja el churro

OD **1** N *(drug overdose)* sobredosis f inv [not slang]
2 VI *(overdose)* **to OD on heroin** meterse una sobredosis de heroína; **we OD'd on museums** nos pegamos un atracón de museos

offie N *(off-licence)* tienda f de bebidas alcohólicas [not slang]

one **1** N (**a**) *(penis)* **he's got a huge/little one** la tiene enorme/pequeñita
(**b**) *(drink)* **to have a quick** or **swift one** tomar una rápida; **to have had one too many** *(be drunk)* haber bebido una copa de más
(**c**) *(amusing person)* **you are a one!** ¡menudo estás hecho!
(**d**) *(blow)* **I socked him one** *(I hit him)* le arreé una buena; **I'll give you one if you don't shut up** *(I'll smack you)* como no te calles te voy a sacudir
(**e**) *(phrases)* **he was having one off the wrist** *(masturbating)* se la estaba meneando; **he's one of them** *Homofóbico (a homosexual)* es de la acera de enfrente
2 NPL *(breasts)* **she's got big/little ones** las tiene grandes/pequeñas → **give**

orgasmic ADJ *(delicious)* **this cake's orgasmic** este pastel está como Dios

out ADV (**a**) *(in existence)* **this synthesizer is the best one out** este sintetizador es el mejor que han sacado; **he's the jammiest person out** es el tío más suertudo del mundo
(**b**) *(phrases)* **she was out for the count** *(fast asleep)* estaba completamente sobada; **I'm out of here!** *(I'm leaving)* ¡yo me las piro!; **he was out of it** *(intoxicated)* llevaba una tajada; *(not himself)* estaba ido; **one more mistake like that and you'll be out on your arse** or US **ass!** *(fired)* ¡otro error así y te vas a la puñetera calle!

P

pack VT **to pack a gun** *(be carrying a gun)* llevar una pipa

pack in VT SEP *(stop doing)* **she's packed in her job** ha dejado el curro; **shall we pack it in for the day?** *(stop what we're doing)* ¿cortamos por hoy?; **just pack it in, will you?** *(stop it)* corta ya, ¿vale?

pack up VI **(a)** *(machine)* dejar de rular
(b) *(finish work)* **we pack up for Christmas on the 22nd** para Navidad dejamos de currar el 22

pad N *(house or apartment)* **can I crash at your pad?** ¿puedo quedarme a sobar en tu casa?

Paddy N *Racista (Irish person)* irlandés(esa) *m,f* del copón; **oi, Paddy, come over here!** ¡ven aquí, irlandés del copón!

> ⓘ Para la mayoría de los irlandeses el término **Paddy** es racista, especialmente cuando son ingleses los que lo utilizan de una manera peyorativa. Esto ocurre, por ejemplo, cuando la palabra lleva delante adjetivos como **fucking** o **stupid**, o cuando se utiliza para dirigirse a un irlandés en vez de utilizar su nombre propio. Sin embargo, hay algunos contextos en los que el término es utilizado de una forma más neutral o incluso humorística sin intención de ofender a los irlandeses. Hay sin embargo quienes argumentan que estos usos teóricamente más inofensivos no son más que una prueba del racismo endémico que hay en la sociedad inglesa hacia los irlandeses. Es preferible que un hablante no nativo de inglés no utilice el término.

pain N **(a)** *(annoying thing)* lata *f*; **we had to start all over again – what a pain!** tuvimos que empezar de nuevo – ¡qué lata!; **it's a bit of a pain having to travel such a long way** es una lata tener que viajar desde tan lejos; **to be a pain in the arse** *(annoying)* ser un coñazo; **to be a pain in the neck** *or* **backside** *or* **butt** *(annoying)* ser un latazo
(b) *(annoying person)* palizas *mf inv*; **stop being such a pain!** ¡deja de dar la paliza!; **to be a pain in the arse** *or US* **ass** *(annoying)* ser un coñazo; **to be a pain in the neck** *or* **backside** *or* **butt** *(annoying)* ser un plasta

Paki [!!] N *Racista (Pakistani)* paquistaní *mf* de mierda

> ⓘ Aunque el término racista **Paki** se refería originariamente a los inmigrantes provenientes de Paquistán, hoy en día se utiliza de una forma más general para referirse a británicos cuyos padres o abuelos son paquistaníes, así como de otras antiguas colonias británicas del subcontinente indio.

Paki shop

Paki shop N *Racista (corner shop)* = tienda pequeña de barrio regentada por ciudadanos originarios del subcontinente indio

pansy N (**a**) *(effeminate man)* mariposón m (**b**) *Homofóbico (homosexual)* mariquita m

pants 1 NPL **I wouldn't mind getting into his pants** *Humorístico (having sex with him)* no me importaría llevármelo al huerto; **it bored the pants off me** *(really bored me)* me aburrió como una ostra; **he charmed the pants off the boss** *(totally charmed her)* se metió a la jefa en el bolsillo; **the film scared** or **frightened the pants off me** *(really scared me)* pasé un montón de miedo con la película → **piss, shit**
2 ADJ **the book is pants** *(very bad)* el libro es una caca de vaca

paralytic ADJ *(very drunk)* **to be paralytic** llevar un pedal; **to get paralytic** coger un pedal

party VI (**a**) *(have sex)* **do you want to party?** ¿te apetece pasarlo bien un rato?
(**b**) *(take drugs)* meterse material

peachy ADJ *US (excellent)* chachi; **everything's peachy!** ¡todo chachi!

pecker N *(penis)* pito m

pede N *(paedophile)* pedófilo(a) m,f [not slang]

pee 1 N (**a**) *(urine)* meada f
(**b**) *(act of urinating)* **to go for a pee** ir a mear; **to have a pee** mear
2 VT **I nearly peed myself** or **my pants** *(wet myself)* casi me meo; **we peed ourselves (laughing)** *(laughed a lot)* nos meamos de risa
3 VI *(urinate)* mear

perv 1 N *(pervert)* pervertido(a) m,f [not slang]
2 VT *(stare at lecherously)* **to perv somebody** comerse a alguien con la mirada; **I caught my husband perving my daughter's friend** cogí al baboso de mi marido comiéndose con la mirada a la amiga de mi hija; **stop perving me!** ¡quítame los ojos de encima, baboso!
3 VI *(stare lecherously)* **to perv at somebody** comerse a alguien con la mirada; **I caught my husband perving at my daughter's friend** cogí al baboso de mi marido comiéndose con la mirada a la amiga de mi hija

pervy ADJ *(perverted, creepy)* pervertido(a) m,f [not slang]

peter N *US (penis)* pilila f

phat ADJ *(good)* total

pick up VT SEP *(seduce)* ligar con

piece N (**a**) *esp US (gun)* pipa f
(**b**) *(phrases)* **I wouldn't mind a piece of that!** *Sexista (I'd like to have sex with her)* no me importaría trajinarme a esa; **look at that piece of arse** or **US ass over there!** *Sexista (woman)* ¡fíjate en esa jaca!; **it was a piece of cake** *(easy)* estuvo chupado; **it was a piece of piss** *(easy)* estuvo más fácil que la hostia; **her brother's a piece of shit** or **shite** *(unpleasant person)* su hermano es un comemierda; **the film was a piece of shit** or **shite** *(very bad)* la película fue una mierda pinchada en un palo; **a piece of skirt** *Sexista (woman)* una chati

pig 1 N (**a**) *(policeman)* madero(a) m,f; **the pigs** la madera
(**b**) *(greedy person)* **he's a (greedy) pig** es un tragón
(**c**) *(fat person)* **she's a (fat) pig** es una vaca
(**d**) *(untidy person)* cochino(a) m,f
(**e**) *(nasty person)* cerdo(a) m,f; **you pig!** ¡cerdo!; **he's a sexist pig** es un

piss about

cerdo machista; **he's a real pig to his sister** se porta como un cerdo con su hermana
(f) *(difficult thing)* **this sum's a real pig** esta suma es un hueso; **this door's a pig to open** es muy chungo abrir esta puerta
(g) *(phrases)* **to be like** or **as happy as a pig in shit** *(very happy)* estar más contento(a) que el copón
2 VT **we pigged ourselves on biscuits** *(ate a lot)* nos pusimos como cerdos de comer galletas

pig out VI **we pigged out on biscuits** *(ate a lot)* nos pusimos como cerdos de comer galletas

pillock N *Insulto (stupid man)* mamón *m*; **you (stupid) pillock!** ¡mamón!; **I felt a right pillock in my kilt** me sentí como un mamón con mi falda escocesa; **stop being such a pillock** no seas mamón

pimp 1 N *(cool man)* **look at that pimp getting off with all the birds** mira cómo se lo monta ese tronco con las tías
2 VT **to pimp something (up)** *(make cooler, improve)* modear algo; **he spends all his time pimping (up) his ride** *(making his car look cooler)* se pasa todo el rato tuneando el buga

pimpmobile N *(flashy car)* pasada *f* de buga

pinch VT *(steal)* afanar; **who pinched my pen?** ¿quién me ha afanado el boli?

piss 1 N (a) *(urine)* meada *f*; **this beer tastes like piss** *(weak and bad)* esta cerveza sabe a meada
(b) *(act of urinating)* **I need a piss** tengo que mear; **to go for a piss** ir a mear; **to have a piss** mear
(c) *(phrases)* **their latest record is piss** *(very bad)* su último disco es una caca; **to take the piss (out of somebody)** *(tease)* cachondearse (de alguien); **fifty pounds for a two-hour concert? are they taking the piss?** *(are they serious?)* ¿cincuenta libras por un concierto de dos horas? ¿están de coña?; **are you taking the piss, mate? – you're giving it away** *(you're easy to ridicule)* ¿me estás vacilando o qué? – me lo pones tan fácil; **we were (out) on the piss last night** *(drinking)* anoche salimos a privar; **to go out on the piss** *(drinking)* salir a privar → **piece**
2 VT **I nearly pissed myself** or **pissed my pants** *(wet myself)* casi me meo; **we were pissing our pants** *(scared)* nos jiñábamos de miedo; **we pissed ourselves (laughing)** *(laughed a lot)* nos meamos de risa
3 VI (a) *(urinate)* mear; **they piss all over us** *(mistreat us)* nos dan por saco; **we pissed all over them** *(defeated them heavily)* les dimos una soba del copón; **it was like pissing into the wind** *(a waste of time)* fue una pérdida de tiempo que te cagas; **I wouldn't piss on them if they were on fire** *(I couldn't care less about them)* me importan tres cojones
(b) *(rain hard)* **it was pissing with rain** llovía de la hostia
4 ADV *(very)* **it was piss easy** fue más fácil que la hostia; **the film was piss poor** la película fue una caca de vaca

piss about, piss around 1 VT SEP *(mess about)* **to piss somebody about** vacilar a alguien; **I'm fed up of being pissed about by this airline** estoy harto de cómo me vacilan en esta compañía aérea
2 VI *(mess about)* **stop pissing about and do some work** déjate de hostias y ponte a trabajar; **don't take him seriously, he's just pissing about** no le hagas mucho caso, está vacilando

piss artist

piss artist N he's a piss artist (useless person) es un inútil del copón; (alcoholic) le da mucho a la botella

piss down 1 VI it was pissing down (raining hard) llovía de la hostia
2 VT SEP it was pissing it down (raining hard) llovía de la hostia

pissed ADJ (a) (drunk) ciego(a); to be/get pissed llevar/coger un ciego; he was as pissed as a newt or fart llevaba un ciego como un piano; we were pissed out of our heads or skulls llevábamos un ciego que no nos teníamos en pie
(b) US (annoyed) cabreado(a); to be pissed at somebody estar cabreado con alguien

pissed off ADJ (annoyed) to be pissed off with somebody (about something) estar cabreado(a) con alguien (por algo); I'm well pissed off with this whole situation estoy hasta los huevos de toda esta situación

pisser N (a) (unpleasant situation) it's a real pisser having to get up so early madrugar tanto es una putada; my girlfriend left me – what a pisser! me dejó la novia – ¡qué putada!
(b) (toilet) meódromo m

pisshead N (drunkard) borrachuzo(a) m,f del copón

pissing 1 ADJ (for emphasis) the pissing car won't start este coche del copón no quiere arrancar; he's a pissing bastard es un cabrón del copón; you pissing idiot! ¡tonto del culo!
2 ADV (for emphasis) the film was pissing awful la película fue una mierda; it's pissing freezing hace un frío del copón; don't be so pissing stupid no seas tan subnormal; a pissing great lorry un camión del copón; you'd pissing well better do what I say! ¡como no me hagas caso te va a caer una de la hostia!

piss off 1 VT SEP (annoy) cabrear; he's really pissed me off me ha puesto de muy mala hostia
2 VI (go away) he pissed off halfway through the afternoon el muy capullo se las piró a media tarde; tell him to piss off dile que se vaya a la mierda
3 INTERJ (go away) ¡vete a la mierda!; (expresses disbelief) ¿qué hostias dices?; (expresses refusal) ¡y una hostia!

piss-take N (wind-up) vacilada f; this is a piss-take, isn't it? me estás vacilando, ¿no?

piss-up N (party) I'm organizing a piss-up round at my place estoy organizando una fiesta con priva en mi casa; they couldn't organize a piss-up in a brewery Humorístico (they're useless) son unos inútiles del copón

ⓘ Aunque **they couldn't organize a piss-up in a brewery** es la más frecuente, hay una serie de expresiones humorísticas que utilizan esta construcción y que quieren decir *inútil*. Por ejemplo, **they couldn't organize an orgy/a fuck in a brothel, she couldn't organize a queue at a bus stop** o **he couldn't get pussy in a cathouse**.

pit 1 N (a) (bed) I'm off to my pit me voy a meter al sobre
(b) (messy place) cuchitril m
2 NPL (a) pits (armpits) alerones mpl
(b) (phrases) it's the pits (terrible) es una patata

plastered ADJ (drunk) to be/get

puke

plastered llevar/coger un colocón

plonker N (**a**) *Insulto (stupid man)* gilipuertas *m inv*; **I felt a right plonker** me sentí como un gilipuertas; **not there, you (stupid) plonker!** ¡ahí no, gilipuertas! (**b**) *(penis)* nabo *m*

pom, pommy N *Australian (English person)* inglés(esa) *m,f* [not slang]

ponce N *(effeminate man)* maricón *m*

pong 1 N *(unpleasant smell)* pestazo *m*
2 VI *(smell unpleasant)* **your socks pong** te cantan los calcetines; **it pongs in here!** ¡qué pestazo hay aquí!

pongy ADJ *(smelly)* **this cheese is really pongy** este queso huele que apesta; **it's really pongy in here!** ¡qué pestazo hay aquí!

poo 1 N (**a**) *(excrement, piece of excrement)* caca *f*; **a poo** una caca (**b**) *(act of defecation)* **I need a poo** necesito hacer caca; **to do a poo** hacer caca; **to go for a poo** ir a hacer caca; **to have a poo** hacer caca
2 VI *(defecate)* hacer caca

poof N *Homofóbico (homosexual)* maricón *m*

poofter N *Homofóbico (homosexual)* maricón *m*

poonani N *(vagina)* potorro *m*

poop *esp US* **1** N *(excrement, piece of excrement)* caca *f*; **a poop** una caca
2 VI *(defecate)* hacer caca

pooped ADJ *esp US (tired)* hecho(a) puré

Pope N **is she likely to accept? – is the Pope Catholic?** *Humorístico (of course)* ¿crees que aceptará? – ¿y tú qué crees? o ¡claro que sí! → **bear**

porker N *(fat person)* ballena *f*

porky N **porky (pie)** *(lie)* bola *f*; **to tell porkies** contar bolas

posse N *(friends)* peña *f*; **I was hanging with me posse** estaba con la peña

postal ADJ *esp US* **to go postal** *(lose self-control)* irse del bolo

pot N *(marijuana)* maría *f*

pothead N *(person who smokes a lot of marijuana)* porrero(a) *m,f*

poxy ADJ *(expresses contempt)* **you can keep your poxy money!** ¡no quiero tu puñetero dinero!; **I got some poxy flowers from her for my birthday** me regaló unas flores pateras para mi cumpleaños

prat N *Insulto (stupid man)* mamón *m*; **you prat!** ¡mamón!; **I felt a right prat in my kilt** me sentí como un mamón con mi falda escocesa; **stop being such a prat** no seas mamón

prick N (**a**) *Insulto (contemptible man)* capullo *m*; **you prick!** ¡capullo!; **I felt a right prick in my kilt** me sentí como un gilipollas con mi falda escocesa; **stop being such a prick** no seas tan capullo (**b**) *(penis)* picha *f* → **spare**

psycho 1 N *(violent person)* pirado(a) *m,f* peligroso(a)
2 ADJ **to go psycho** *(go berserk)* ponerse hecho(a) una furia

pube N *(pubic hair)* pelo *m* del vello púbico *[not slang]*; **I shaved my pubes off** me afeité la entrepierna

puke 1 N *(vomit)* pota *f*
2 VI (**a**) *(vomit)* potar; **this government makes me puke** *(disgusts me)* este gobierno me pone del hígado
(**b**) *(smell bad)* **your socks puke**

puke up

qué pestazo sueltan tus calcetines; **it pukes in here** qué pestazo hay aquí **3** INTERJ *(expresses revulsion)* ¡puaj!

puke up 1 VT SEP *(vomit)* potar; **she puked her guts up** *(vomited violently)* echó la primera papilla **2** VI *(vomit)* potar

pull 1 N **to be on the pull** *(looking for sexual partner)* estar de ligue; **to go out on the pull** *(go looking for sexual partner)* salir a ligar
2 VT (**a**) *(seduce)* ligar con; **he certainly knows how to pull the birds** sabe ligar con las titis
(**b**) *(phrases)* **pull the other one!** *(expresses disbelief)* ¡anda ya!; **they tried to pull a fast one on us** *(deceive us)* nos intentaron camelar; **pull your finger out!** *(stop being so lazy)* ¡deja de rascarte la barriga!
3 VI *(find sexual partner)* ligar

push off 1 VI *(go away)* largarse
2 INTERJ *(go away)* ¡lárgate!

pussy N (**a**) *(vagina)* conejo *m* → **eat**
(**b**) *Sexista (sex)* **to get (oneself) some pussy** mojar el churro con alguna titi
(**c**) *Sexista (women)* corderas *fpl*
(**d**) *(weak, cowardly man)* nenaza *f*

puter N *(computer)* ordenata *m*

Q

queen N *Homofóbico (homosexual)* reinona f; **he's a screaming queen** *(very camp gay man)* es una auténtica reinona

ⓘ Aunque **queen** es un término homofóbico cuando lo utilizan heterosexuales para referirse a homosexuales, pierde su carácter ofensivo cuando lo utilizan homosexuales para referirse a ellos mismos.

queer *Homofóbico* **1** N *(homosexual)* marica m **2** ADJ *(homosexual)* mariquita

ⓘ Aunque **queer** es un término homofóbico cuando lo utilizan heterosexuales para referirse a homosexuales, pierde su carácter ofensivo cuando lo utilizan homosexuales para referirse a ellos mismos.

quick → one

R

rah 1 N *(loud, posh person)* pijo(a) m,f
2 ADJ *(loud and posh)* pijo(a)

ⓘ Los **rahs** son jóvenes de clase alta que se creen que son el no va más y que se comportan de forma ostentosa. Se les reconoce fácilmente porque hablan en voz muy alta y con acento pijo. Tienes muchas probabilidades de encontrártelos en algunas de las universidades más tradicionales. En su forma típica de hablar, emiten un sonido parecido a **rah**, de donde viene el término.

randy ADJ *(feeling sexual desire)* caliente; **to be randy** estar caliente

rat 1 N **(a)** *(treacherous person)* bandarra mf; **you rat!** ¡bandarra!
(b) *(informer)* soplón(ona) m,f
(c) *(phrases)* **I don't give a rat's arse** or US **ass what he thinks** *(don't care)* me paso sus opiniones por la entrepierna
2 VI *(inform)* **to rat (on somebody)** chivarse (de alguien)

rat-arsed ADJ *(drunk)* **to be/get rat-arsed** llevar/coger un moco que te cagas

ratbag N *(nasty person)* canalla mf; **you ratbag!** ¡canalla!

ratty ADJ *(bad-tempered)* **she's really ratty today** hoy está de malas pulgas; **he's a ratty old sod** es un cascarrabias

razz, razzle N **to go out on the razz** or **razzle** *(go out on the town)* irse de parranda

real ADJ **she told us we can't use the phone at work – is she for real?** *(can she be serious?)* nos dijo que no podíamos utilizar el teléfono en el trabajo – ¿de qué va?; **go out with you? get real!** *(you must be joking)* ¿salir contigo? ¿de qué vas?; **I try to keep it real** *(be myself)* intento seguir siendo yo mismo; **keep it real!** *(said as farewell)* ¡a cuidarse!

reefer N *(marijuana cigarette)* petardo m

respect INTERJ *(expresses approval, admiration)* ¡olé tus huevos!

retard N *Insulto (stupid person)* subnormal mf; **you retard!** ¡subnormal!

ⓘ La palabra **retard** es un término ofensivo para los que sufren de una enfermedad mental.

ride 1 N **(a)** *(car)* buga m → **pimp**
(b) *(sexual partner)* **he's/she's a fantastic ride** es la hostia en la cama
2 VT *(have sex with)* montar

ring N *(anus)* ojete m

rip off VT SEP *(overcharge)* clavar

rip-off N *(case of overcharging)* clavada f; **what a rip-off!** ¡qué clavada!

ripped ADJ **he was ripped to the tits** *(drunk)* llevaba un pedo que no se tenía; *(on drugs)* llevaba un colocón que no se tenía

road N *(way)* **you're in my road** estás en mi camino *[not slang]*; **get out of the road!** ¡quita de en medio! *[not slang]* → **hit**

rocker N **he's off his rocker** *(crazy)* está mal de la chaveta

rocks NPL **to get one's rocks off** *(have sex)* mojar el churro; *(have orgasm)* correrse; *(enjoy oneself)* pasarlo pipa

roger VT *(have sex with)* **he rogered her senseless** se la cepilló bien cepillada

round PREP **to be/go round the bend** or **twist** *(mad)* estar/volverse majara; **it's driving me round the bend** *(driving me mad)* me está volviendo majara

rubber N *esp US (condom)* goma *f*

rumpy-pumpy N *Humorístico (sex)* **do you fancy (having) a bit of rumpy-pumpy?** ¿nos echamos un feliciano?

runner N **she did a runner** *(left)* se las piró

S

sack N **he's good/not much good in the sack** *(as a lover)* se lo monta/no se lo monta bien en la cama; **he's a sack of shit** or **shite** *Insulto (unpleasant person)* es un comemierdas → **hit**

sad ADJ *(boring, untrendy)* **he spends his afternoons watching soap opera repeats – that's really sad!** se pasa las tardes viendo reposiciones de telenovelas – ¡qué cuelgue!; **I think trigonometry is really interesting – you sad bastard!** la trigonometría me parece muy interesante – ¡pero qué colgado estás, macho!; **Nigel, you sad man, stop playing on that computer!** ¡Nigel, colgado, deja de jugar al ordenador!

safe INTERJ *(excellent)* ¡mola mazo!

sandwich → **short**

sausage N (**a**) *(penis)* zanahoria *f*
(**b**) *(foolish person)* **you silly sausage!** ¡lechuzo!
(**c**) *(phrases)* **have you heard anything from her? – not a sausage** *(nothing)* ¿habéis sabido algo de ella? – ni papa

scab N *(strikebreaker)* esquirol(ola) *m,f*

scare → **shit, shite, shitless**

schlemiel N *US (useless person)* colgado(a) *m,f*

schmuck N *US Insulto (idiot)* capullo *m*; **you schmuck!** ¡capullo!

schnoz(z) N *US (nose)* napias *fpl*

scoff VT *(eat)* cepillarse; **who scoffed all the biscuits?** ¿quién se ha cepillado todas las galletas?

scoobie N **I haven't got a scoobie** *(I have no idea)* no tengo ni flores

score 1 VT *(drugs)* pillar; **to score some smack** pillar algo de caballo
2 VI (**a**) *(have sex)* **did you score last night?** ¿te comiste algo anoche?
(**b**) *(buy drugs)* pillar

scrap 1 N *(fight)* bronca *f*; **to have a scrap (with somebody)** tener una bronca (con alguien); **d'you want a scrap about it?** ¿quieres que nos zumbemos?
2 VI *(fight)* zumbarse

scream N *(funny thing or person)* **he's a scream** es la monda; **their new film's a scream** su nueva película es la monda; **how was the party? – it was a scream** ¿qué tal estuvo la fiesta? – fue la monda

screaming → **queen**

screw 1 N (**a**) *(sex)* **to have a screw** follar
(**b**) *(sexual partner)* **he's/she's a good screw** folla de maravilla
(**c**) *(prison officer)* carcelero(a) *m,f*
(**d**) *(phrases)* **he has a screw loose** *Humorístico (is crazy)* le falta un tornillo
2 VT (**a**) *(have sex with)* follar con; **did you screw him?** ¿te lo follaste?; **to screw the arse** or *US* **ass off somebody** *(have energetic sex with)*

shagging

pegarse una follada alucinante con alguien
(**b**) *(cheat)* **we've been screwed** nos han dado por saco; **the bastards screwed me for £500** los cabrones me camelaron 500 libras
(**c**) *(exploit)* **the company is screwing its workers** la empresa está dando por saco a los trabajadores
(**d**) *(phrases)* **we're really screwed now!** *(we've had it)* ¡ahora sí que la hemos cagado!; **screw it!** *(expresses annoyance)* ¡leches!; *(expresses resignation)* ¡qué leches!; **screw that!** *(forget that)* ¡y un huevo!; **screw the lot of them!** *(they can get stuffed)* ¡que les den por (el) culo!; **screw what they say, let's go anyway!** *(ignore it)* ¡me importa un huevo lo que digan, vayamos!; **screw you!** *(get stuffed)* ¡que te den por (el) culo!
3 VI (**a**) *(have sex)* follar
(**b**) *(mess around)* **don't screw with me!** ¡conmigo no hagas el gilipollas!

screw around 1 VT SEP *(mess about)* **to screw somebody around** vacilar a alguien; **I'm fed up of being screwed around by this airline** estoy harto de cómo me vacilan en esta compañía aérea
2 VI (**a**) *(mess about)* **stop screwing around and do some work!** ¡déjate de hostias y ponte a trabajar!
(**b**) *(joke, kid)* **don't be angry, I was just screwing around** no te enfades, sólo estaba vacilando
(**c**) *(be promiscuous)* tirarse a medio mundo

screw up 1 VT SEP (**a**) *(mess up)* jorobar
(**b**) *(cause psychological harm)* **his parents' divorce really screwed him up** el divorcio de sus padres le hizo polvo el coco
2 VI *(mess things up)* **if you screw up again, you're fired** si vuelves a jorobarla, quedas despedido

scum N *Insulto* **they're scum** *(contemptible)* son unos cabronazos; **you scum!** ¡cabronazo!; **the skinheads called me Paki scum** los cabezas rapadas me llamaron paquistaní de mierda

scumbag N *Insulto* *(nasty person)* baboso(a) *m,f*; **you scumbag!** ¡baboso!

search VT **search me!** *(I don't know)* ¡y yo qué sé!

shack up VI **he's shacked up with his girlfriend** se ha arrejuntado con su novia; **they're shacked up together** se han arrejuntado

shades NPL *(sunglasses)* gafas *fpl* de sol *[not slang]*

shaft VT (**a**) *(have sex with)* **he shafted her** se la pasó por la piedra; **if he finds out, we're shafted** *(we've had it)* si se entera, la cagamos
(**b**) *(cheat)* **we've been shafted** nos han dado por saco

shag 1 N (**a**) *(sex)* **to have a shag** follar
(**b**) *(sexual partner)* **he's/she's a good shag** folla de maravilla
(**c**) *(boring or annoying task)* **it's a shag** *(having to do it)* es un coñazo (tener que hacerlo)
2 VT (**a**) *(have sex with)* follar con; **did you shag him?** ¿te lo follaste?
(**b**) *(phrases)* **shag it!** *(expresses annoyance)* ¡leches!; *(expresses resignation)* ¡qué leches!
3 VI *(have sex)* follar

shaggable ADJ *(sexually attractive)* follable

shagged (out) ADJ *(exhausted)* **to be shagged (out)** estar hecho(a) una mierda

shagging 1 ADJ *(for emphasis)* **the shagging car won't start**

Sex — Sexo

El argot inglés tiene más términos para el sexo que para cualquier otra actividad. Esta es una pequeña guía para adentrarte en un tema tan peliagudo.

To fuck (*joder*) es el término más vulgar – y también uno de los más frecuentes – para referirse al acto sexual. Hay otros términos vulgares y muy comunes como **to screw** (*follar*) y uno algo menos vulgar pero aun más común es **to shag** (cuyo equivalente más próximo sería también *follar*).

Entre los términos más frecuentes y menos vulgares está **to bonk** (*echar un polvo*), **to have it off with somebody** (*tirarse a alguien*), **to get laid** (*llevarse a alguien a la cama*) y **to get one's leg over** (*mojar el churro*).

Palabras como **fuck, screw, shag** y **bonk** describen el acto sexual tanto desde la perspectiva masculina como desde la femenina. Hay otros términos que se refieren al acto sexual únicamente desde la perspectiva masculina como **to get one's end away, to dip one's wick** y **to get one's rocks off** (todos ellos corresponden más o menos a *mojar el churro*). Otros términos bastante agresivos para referirse al sexo son usados principalmente por hombres, por ejemplo **to bang** (*pasarse por la piedra*), aunque algunas mujeres también los usen de vez en cuando.

Hay varias formas eufemísticas que evitan mencionar el sexo explícitamente, usando en su lugar pronombres como **it** o **any**, por ejemplo: **I haven't had any for ages** (*hace siglos que no lo hago*) o **they were at it all night** (*lo estuvieron haciendo durante toda la noche*). Otras expresiones incluyen **to do it with somebody** (*hacerlo con alguien*) y **to give somebody one** (*trajinarse a alguien*).

Para el sexo anal no hay muchos términos frecuentes. Las expresiones que más se usan son **to bum somebody** y una expresión muy vulgar que es **to fuck somebody up the arse** (ambas se podrían traducir al español por *dar por culo a alguien*).

Existen bastantes términos para el sexo oral. El término más común para la felación es **blow job** (*mamada*), aunque también se puede decir **to give somebody a gob job** (*lamérsela a alguien*) o **to give head** (*chuparla*). Para el cunnilingus existe **eating pussy** (*comer el conejo*), y términos humorísticos como **muff-diving** y **rug-munching**. La expresión **to go down on somebody** se puede referir tanto a la felación (*comerle la polla a alguien*) como al cunnilingus (*comerle el coño a alguien*).

En cuanto a la masturbación, es curioso porque aparentemente el inglés tiene muchos más términos que el español. El más común, de lejos, es **to wank** (*hacerse una paja*), aunque existen otros términos también comunes como **to toss oneself off, to jerk off** y **to jack off** (que equivalen más o menos a *cascársela*). Pero donde el inglés se destaca es en la cantidad de expresiones humorísticas. Éstas son únicamente una muestra: **to bang the bishop, to flog one's log, to beat one's meat, a solo symphony, a hand shandy, to do the arm aerobics, to do the han solo, to go on a date with Rosy Palm and her five daughters** y **to play pocket billiards** … hay muchas, muchas más.

shit

este coche del copón no quiere arrancar; **shagging hell!** *(expresses annoyance, surprise)* ¡cágate, lorito! **2** ADV *(for emphasis)* **the film was shagging awful** la película fue una mierda pinchada en un palo; **it's shagging freezing** hace un frío del copón; **a shagging great lorry** un camión del copón

shebang N **the whole shebang collapsed in the storm** *(everything)* todo el invento se vino abajo durante la tormenta

sheila N *Australian (woman)* tía *f*

shift → **arse, ass**

shit 1 N **(a)** *(excrement)* mierda *f*; **to do** or **have a shit** cagar; **to go for a shit** ir a cagar
(b) *(bad thing)* mierda *f*; **the record is a load of shit** el disco es una mierda; **you can't expect me to eat that shit** no esperarás que me coma esa mierda
(c) *(nonsense)* gilipolleces *fpl*; **that's a load of shit!** *(untrue)* ¡gilipolleces!; **to talk shit** decir gilipolleces; **you're full of shit!** *(you're a liar)* eres un trolero de la hostia; **don't give me that shit!** ¡no me vengas con gilipolleces!; **don't start on about that New Age shit!** no me vengas otra vez con la gilipollez esa del New Age
(d) *(stuff)* **get that shit off my lawn!** ¡quita todas esas mierdas de mi césped!; **pick your shit up and get out of here!** ¡recoge tus mierdas y lárgate!
(e) *(problems)* **I'm fed up with all this shit, I'm leaving** estoy harto de toda esta mierda, me largo; **there's a lot of shit going on at the office** hay mucha mierda en la oficina en estos momentos; **I don't need this shit** no me toques los huevos
(f) *(trouble)* **we're really in the shit now!** ¡ahora sí que la hemos cagado!; **you're in big** or **deep shit!** ¡la has cagado bien cagado!; **he really got in (the) shit for lying to the boss** se metió en un follón de la hostia por mentirle al jefe; **she really landed** or **dropped us in the shit** nos metió en un follón de la hostia
(g) *(hassle)* **I've had enough shit from you** ya estoy harto de que me des por culo; **he's always giving me shit about something or other** siempre me está dando el coñazo con alguna cosa o con otra; **I'm not taking any shit from them** ellos a mí no me dan por culo
(h) *Insulto (nasty person)* cerdo(a) *m,f*; **you shit!** ¡cerdo!; **you little shit!** ¡baboso!; **he's a shit to his wife** trata a su mujer de puta pena; **he's a fucking shit [!!]** es un cerdo de mierda
(i) *esp US (anything)* **you don't know shit** no tienes ni pajolera idea; **he never does shit** está todo el día tocándose los huevos; **my opinion isn't worth shit round here** aquí todo el mundo se pasa mi opinión por la entrepierna; **he can't sing for shit** *(he's a terrible singer)* canta de culo
(j) *(heroin)* jaco *m*; *(cannabis)* mierda *f*
(k) *(phrases)* **we're up shit creek (without a paddle)** *(in trouble)* se jodió el invento; **they beat** or **kicked** or **knocked the shit out of us** *(beat us up)* nos forraron a hostias; *(defeated us heavily)* nos dieron un baño de la hostia; **he bores the shit out of me** *(I find him very boring)* con él me aburro que te cagas; **you lied! – did I shit!** *(I didn't)* mentiste – ¡y una mierda!; **he's got a new car – has he shit!** *(he doesn't)* tiene un coche nuevo – ¡y una mierda!; **it's good to meet some other people who actually give a shit about animal rights** *(care)* es bueno conocer a otros que no se pasan

shite

los derechos de los animales por la entrepierna; **I don't** or **couldn't give a shit about it/them** (don't care) me importa/importan un huevo; **he couldn't give a shit** (doesn't care about anything) le importan un huevo las cosas; **who gives a shit what she thinks, anyway?** (no-one cares) ¿y a quién leches le importa lo que piense?; **I got the shits** (I got diarrhoea) me entró la cagalera; (I got scared) me entró la cagalera; **prunes give you the shits** (give you diarrhoea) las ciruelas pasas te dan cagalera; **spiders give me the shits** (scare me) las arañas me dan cague; **to have the shits** (have diarrhoea) tener cagalera; (be scared) estar cagado(a) de miedo; **then the shit will really hit the fan** (the trouble will start) y entonces se va a armar una de la hostia; **I feel like shit** (ill) me siento hecho una mierda; **it hurts like shit** (a lot) me duele un huevo; **you look like shit** (terrible) tienes un aspecto de culo; **they treat me like shit** (badly) me tratan de culo; **he's going out with her – like shit (he is)!** (expresses disagreement) está saliendo con ella – ¡y una mierda!; **I'm going to leave now – like shit you are!** (no you're not) me voy ahora – ¡y una mierda te vas a ir!; **no shit!** (expresses surprise) ¡no jodas!; Irónico (expresses lack of surprise) ¡no jodas!; **they really put the shit up us** (scared us) nos metieron el acojone en el cuerpo; **it scared the (living) shit out of me** (frightened me to death) me dio un susto acojonante; **I got shit all help from them** (none) ¿ayuda? ¡una mierda de ayuda me dieron!; **shit comes in piles** (it never rains, it pours) hostia, las desgracias nunca vienen solas; **shit floats** (unpleasant people are successful) los mierderos siempre triunfan; **shit happens** (that's life) la vida está llena de putadas; **what/where/when/who/why the shit…?** (for emphasis) ¿qué/dónde/cuándo/quién/por qué hostias…?
→ **eat, piece, pig, sack, thick, tough**
2 ADJ (bad) **their music is shit** su música es una mierda; **he's a shit singer** es una mierda de cantante; **I'm shit at physics** la física se me da de puta pena; **I feel shit** (ill) me encuentro hecho una mierda; **we had a shit holiday** las vacaciones fueron una mierda; **this hi-fi sounds shit** este estéreo suena de culo
3 VT (**a**) (defecate) **I was shitting bricks** (scared) se me pusieron los cojones de corbata; **shit a brick!** Humorístico (expresses amazement) ¡anda la hostia!; **I nearly shat myself** or **my pants** (defecated in pants) casi me cago; **I was shitting myself** or **my pants** (was scared) me cagaba de miedo
(**b**) (phrases) **I shit you not!** (I'm not kidding) ¡no estoy de coña!
4 VI (**a**) (defecate) cagar
(**b**) (phrases) **shit or get off the pot!** (make your mind up) ¡aclárate de una puñetera vez!; **I shit on their plan!** (think it's useless) ¡me cago en su plan!; **you work your guts out for them, and then they just shit on you from a great height** (treat you badly) te machacas a trabajar para ellos, para que luego se te pasen por la entrepierna; **they shat on us from a great height** (defeated us heavily) nos dieron una soba del copón
5 INTERJ (expresses annoyance, fear) ¡mierda!; (expresses surprise) ¡hostia!; **oh shit, we're in big trouble now!** ¡mierda, ahora sí que la hemos fastidiado!; **I couldn't find it – shit!** (expresses disbelief) no lo encontré – ¡y una mierda!

shite 1 N (**a**) (excrement) mierda *f*;

shitless

to do or **have a shite** cagar; **to go for a shite** ir a cagar
(**b**) *(bad thing)* mierda *f*; **the record is a load of shite** el disco es una mierda; **you can't expect me to eat that shite** no esperarás que me coma esa mierda
(**c**) *(nonsense)* gilipolleces *fpl*; **that's a load of shite!** *(untrue)* ¡gilipolleces!; **to talk shite** decir gilipolleces; **you're full of shite!** *(you're a liar)* eres un trolero de la hostia; **don't give me that shite!** ¡no me vengas con gilipolleces!; **don't start on about that New Age shite!** no me vengas otra vez con la gilipollez esa del New Age
(**d**) *Insulto (nasty person)* cerdo(a) *m,f*; **you little shite!** ¡baboso!
(**e**) *(phrases)* **they beat** or **kicked** or **knocked the shite out of us** *(beat us up)* nos forraron a hostias; *(defeated us heavily)* nos dieron un baño de la hostia; **he bores the shite out of me** *(I find him very boring)* con él me aburro que te cagas; **it's good to meet some other people who actually give a shite about animal rights** *(care)* es bueno conocer a otros que no se pasan los derechos de los animales por la entrepierna; **I don't** or **couldn't give a shite about it/them** *(don't care)* me importa/importan un huevo; **he couldn't give a shite** *(doesn't care about anything)* le importan un huevo las cosas; **who gives a shite what she thinks, anyway?** *(no-one cares)* ¿y a quién leches le importa lo que piense?; **I feel like shite** *(ill)* me siento hecho una mierda; **it hurts like shite** *(a lot)* me duele un huevo; **they treat me like shite** *(badly)* me tratan de culo; **it scared the shite out of me** *(frightened me to death)* me dio un susto acojonante; **what/where/when/who/why the shite...?** *(for emphasis)* ¿qué/dónde/cuándo/quién/por qué hostias...?; → **piece, sack**
2 ADJ *(bad)* **their music is shite** su música es una mierda; **he's a shite singer** es una mierda de cantante; **I'm shite at physics** la física se me da de puta pena; **I feel shite** *(ill)* me encuentro hecho una mierda; **we had a shite holiday** las vacaciones fueron una mierda; **this hi-fi sounds shite** este estéreo suena de culo
3 VI *(defecate)* cagar
4 INTERJ *(expresses annoyance, fear)* ¡mierda!; *(expresses surprise)* ¡hostia!; **oh shite, we're in big trouble now!** ¡mierda, ahora sí que la hemos fastidiado!; **I couldn't find it – shite!** *(expresses disbelief)* no lo encontré – ¡y una mierda!

> ⓘ En general, todos los usos del término **shite** son un poquito más suaves que los usos correspondientes de **shit**, y tienen además un tonillo más humorístico. Por lo demás, en los usos que tienen en común son dos palabras idénticas.

shitface N *Insulto (contemptible person)* tío(a) *m,f* mierda; **oi, shitface, what d'you think you're doing?** eh, tío mierda, ¿qué haces?

shitfaced ADJ *(drunk, on drugs)* **to be shitfaced** llevar un pedo que te cagas; **to get shitfaced** coger un pedo que te cagas

shit-for-brains N *Insulto (stupid person)* tarado(a) *m,f* de mierda

shit-hot ADJ *(excellent)* acojonante; **she's shit-hot at crosswords** los crucigramas se le dan de puta madre

shithouse → **brick**

shitless ADJ *(for emphasis)* **to be scared shitless** estar acojonado(a); **he scared me shitless** me acojonó; **to be bored shitless** estar con un

shitloads

aburrimiento que te cagas; **he bores me shitless** con él me aburro que te cagas

shitloads NPL **he's got shitloads of money/talent** *(a lot)* tiene la hostia de dinero/talento

shit-scared ADJ *(terrified)* **to be shit-scared** estar acojonado(a)

shitty ADJ (**a**) *(bad)*; **I don't want to work for your shitty little company** no quiero trabajar para tu empresa mierdera; **she's in a shitty mood** está de un mal humor que te cagas; **I feel shitty** *(ill)* me encuentro de puta pena
(**b**) *(nasty)* **you've been really shitty to me all week** te has portado como un cerdo conmigo toda esta semana; **that was really shitty of you!** ¡qué cerdo eres!

shoot INTERJ *US Eufemismo [shit] (expresses annoyance, surprise)* ¡ostras!

shoot up 1 VT SEP *(drug)* **to shoot up heroin** chutarse heroína
2 VI *(inject drugs)* chutarse

shop 1 N **there were toys all over the shop** *(everywhere)* era un festival de juguetes por todas partes; **their defence was all over the shop** *(chaotic)* su defensa no daba pie con bola; **I'm all over the shop today** *(confused)* hoy no doy pie con bola
2 VT *(inform on)* chivarse de; **she shopped him to the police** se chivó de él a la policía

short ADJ **he's one brick short of a load** or **one stick short of a bundle** or **one sandwich short of a picnic** *Humorístico (slightly insane)* le falta un tornillo; *(a bit stupid)* no es precisamente una lumbrera

ⓘ Aunque las tres expresiones que aparecen arriba son las más frecuentes, existe un número casi ilimitado de combinaciones con las palabras **short of** y el significado *loco* o *tonto*. Es muy frecuente que la gente se invente sus propias variaciones sobre el tema, por ejemplo, **one can short of a six-pack** o **one egg short of an omelette**.

---

shortarse N *Insulto (short person)* retaco *m*

shove → **arse, ass**

shove off 1 VI *(go away)* **I think you should have told him to shove off** creo que le tenías que haber dicho que se largara
2 INTERJ *(go away)* ¡lárgate!

shut VT **shut it!, shut your face** or **gob** or **mush** or **trap!** *(be quiet)* ¡cierra el pico!

side → **bit**

silly ADJ **stop playing silly buggers** *(messing around)* deja de hacer el chorra

skinny-dipping N *(nude bathing)* **we went skinny-dipping** nos bañamos en pelotas

skint ADJ *(broke)* **I'm skint** no tengo un duro

skirt → **bit, piece**

skive 1 N **I took sociology because it's a skive** *(undemanding)* elegí sociología porque es una maría
2 VI (**a**) *(not work)* **stop skiving and do some work!** ¡deja de escaquearte y ponte a trabajar!; **why isn't she at work today, is she ill? – no, she's just skiving** ¿por qué no ha venido hoy al trabajo? ¿está enferma? – no, se ha escaqueado de trabajar
(**b**) *(not go to school)* hacer novillos

skive off 1 VT INSEP **to skive off work** escaquearse de ir a trabajar; **to**

skive off school hacer novillos
2 vi (**a**) *(not go to work)* escaquearse de ir a trabajar
(**b**) *(not go to school)* hacer novillos

skiver n (**a**) *(person who avoids work)* **he's a right skiver** siempre se escaquea de trabajar
(**b**) *(person who doesn't go to school)* **Jonesy's a right skiver** Jonesy está haciendo siempre novillos

slag 1 n (**a**) *(promiscuous woman)* zorra *f*
(**b**) *Insulto (contemptible woman)* zorra *f*; **piss off, you stupid slag!** ¡vete a la mierda, zorra!
2 vt (**a**) *(criticize)* **she's always slagging her brother** siempre está poniendo a parir a su hermano
(**b**) *(tease)* **his mates were slagging him about supporting Arsenal** sus colegas se cachondeaban de él por ser del Arsenal

slag off vt sep (**a**) *(criticize)* **he's always slagging me off** siempre me está poniendo a parir
(**b**) *(tease)* **his mates were slagging him off for supporting Arsenal** sus colegas se cachondeaban de él por ser del Arsenal

slammer n *(prison)* **in the slammer** en el talego

slapper n (**a**) *(promiscuous woman)* pelandusca *f*; **she's a bloody slapper!** ¡es más puta que las gallinas!; **you slapper!** ¡qué pelandusca!
(**b**) *Sexista (any woman)* chorba *f*

slash n *(act of urination)* **I need a slash** tengo que echar una meada; **to go for a slash** ir a echar una meada; **to have a slash** echar una meada

sliced bread n **she thinks he's the best thing since sliced bread** *(wonderful)* se cree que él es la repera

snoggable

slob n (**a**) *(lazy person)* **he's a slob** es un vago de no te menees; **you (lazy) slob!** ¡pero qué vago estás hecho!
(**b**) *(untidy person)* cochino(a) *m,f*; **you (disgusting) slob!** ¡qué cochino!
(**c**) *(fat person)* tonel *m*; **you (fat) slob!** ¡qué tonel!

slob around vi *(laze around)* gandulear

slog 1 n *(hard work)* **preparing for my law exams was a real slog** la preparación de los exámenes de derecho fue una machacada
2 vt **I've been slogging my guts out to finish on time** *(working hard)* me he machacado para acabar a tiempo
3 vi *(work hard)* **I've been slogging away at this essay all week** me he dejado la piel esta semana escribiendo el trabajo

sloshed adj *(drunk)* **to be sloshed** estar como una cuba

slut n *(promiscuous woman)* zorra *f*; **you slut!** ¡qué zorra!

smack n *(heroin)* caballo *m*

smartarse n *(smart aleck)* listillo(a) *m,f* del copón

smashed adj *(drunk, on drugs)* **to be smashed** llevar un colocón; **to get smashed** coger un colocón

smiley n *(LSD tablet)* tripi *m*

snog 1 n *(kiss)* muerdo *m*; **go on, give us a snog!** ¡venga, dame un muerdo!; **he was having a snog with his girlfriend** se estaba morreando con su novia
2 vt *(kiss)* **she snogged him** le morreó
3 vi *(kiss)* morrearse

snoggable adj *(kissable)* **he's got totally snoggable lips** tiene unos labios que están para comérselos; **which of them d'you reckon's the**

snot

most snoggable? ¿a cuál te gustaría darle un muerdo?

snot N *(mucus)* **a piece of snot** un moco *[not slang]*; **he had snot running down his nose** se le caían los mocos *[not slang]*; **a snot rag** *(handkerchief)* un moquero

snuff VT **she snuffed it** *(died)* la palmó

so ADV *(for emphasis)* **socks with sandals is SO not a good look** *(it's really unfashionable)* calcetines con sandalias quedan de pena; **you're SO not going to win** *(you have no chance of winning)* lo llevas claro si te crees que vas a ganar; **I SO don't want to go to work tomorrow** *(I really don't want to go)* me apetece cualquier cosa menos ir a trabajar mañana; **that song is just SO cool** *(it's really good)* esa canción es una pasada

s.o.b. N *esp US Insulto (unpleasant man)* hijo *m* de su madre

sod 1 N (**a**) *(person)* **he's a big sod** ¡qué grande es el cabroncete!; **you cheeky sod!** ¡cacho jeta!; **he's a lazy sod!** ¡es más vago que el copón!; **the jammy sod!** ¡qué suertudo de la leche!; **the little sods have eaten all the cake** los muy gamberros se han comido la tarta; **the poor sod broke his leg** ¡qué putada, el pobre tío se partió la pierna!; **you stupid sod!** ¡tonto del haba!
(**b**) *Insulto (nasty man)* guarro *m*; **he's a miserable sod** es un guarro asqueroso; **you sod!** ¡guarro!
(**c**) *(difficult thing)* **this sum's a real sod** esta suma es chunga; **this door's a sod to open** es muy chungo abrir esta puerta
(**d**) *(phrases)* **you've done sod all today** hoy has estado tocándote los huevos; **we got sod all help from them** ¿ayuda? ¡una mierda de ayuda nos dieron!; **I don't** or **couldn't give a sod what they think!** *(don't care)* ¡me importa un carajo lo que piensen!
2 VT (**a**) *(forget)* **sod the consequences, let's just do it** al carajo con las consecuencias, vamos a hacerlo
(**b**) *(phrases)* **sod it!** *(expresses annoyance)* ¡hostia!; **sod it, I've had enough of waiting around, I'm off** a tomar por saco, ya me he cansado de esperar, me voy; **they want us to work at the weekend – sod that!** *(no way)* quieren que trabajemos el fin de semana – ¡y una hostia!; **sod this for a laugh** *(I've had enough)* a tomar por saco; **sod this for a game of soldiers** *(I've had enough)* a tomar por donde amargan los pepinillos; **I think you're being stupid – well sod you, then!** *(get lost)* no seas tan imbécil – ¡que te den!

sodding 1 ADJ *(for emphasis)* **the sodding car won't start** este puñetero coche no quiere arrancar; **the sodding bastard wouldn't help me** el cerdo de mierda no quería ayudarme; **you sodding idiot!** ¡tonto del haba!; **I can't hear a sodding thing** no oigo un carajo; **it's a sodding pain in the neck** es un coñazo; **sodding hell** or **heck!** *(expresses annoyance, surprise)* ¡hostia!; **who the sodding hell does she think she is?** ¿quién leches se ha pensado que es?
2 ADV *(for emphasis)* **the film was sodding awful** la película fue una mierda; **it's sodding freezing** hace un frío de la hostia; **don't be so sodding stupid** no seas tan mamón; *Irónico* **that's sodding brilliant, now what do we do?** de puta madre, ¿ahora qué hacemos?; **a sodding great lorry** un camión de la hostia; **you'd sodding well better**

do what I say! ¡como no me hagas caso te va a caer una de la hostia!; **no sodding way am I doing that!** ¡ni de coña voy a hacerlo!

sod off 1 VI *(go away)* **he sodded off halfway through the afternoon** el muy cerdo se dio el piro a mitad de tarde; **tell him to sod off** dile que se vaya a tomar por saco

2 INTERJ *(go away)* ¡vete a tomar por saco!; *(expresses disbelief)* ¡y una leche!; *(expresses refusal)* ¡vete a tomar por saco!

solid 1 ADJ *(excellent)* brutal; **their latest single is solid, man** su último sencillo mola mazo, tío
2 INTERJ *(excellent)* ¡mola mazo!

son N (**a**) *(form of address)* **all right, my son?** ¿qué tal, colega?; **go on, my son!** *(as encouragement)* ¡venga, hombre!
(**b**) *(phrases)* **son of a bitch** *Insulto (contemptible man)* hijo *m* de perra; **you son of a bitch!** ¡hijo de perra!; **this door's a son of a bitch to open** *(difficult)* no hay quien abra esta puñetera puerta; **son of a bitch!** *esp US (expresses annoyance)* ¡hostia!; **son of a gun** *esp US Insulto (contemptible man)* guarro *m*; **you son of a gun!** ¡guarro!; **how are you, you son of a gun!** *(expresses affection)* ¿qué tal te va, capullín?; **it was an old car, and the son of a gun wouldn't start** *(annoying thing)* era un coche viejo, y el muy cerdo no arrancaba; **son of a gun!** *(expresses surprise)* ¡ostras, Pedrín!

sorted 1 ADJ **to be sorted** *(in possession of drugs)* haber pillado
2 INTERJ *(expresses satisfaction)* ¡listo!

sound 1 ADJ *(excellent)* brutal; **their latest single is sound, man** su último sencillo mola mazo, tío
2 INTERJ *(excellent)* ¡mola mazo!

spew

space cadet N *(strange person)* **he's a space cadet** anda siempre flipando

spaced out ADJ **to be spaced out** *(on drugs)* estar flipado(a); *(because of tiredness, illness)* estar ido(a)

spade [!!] N *Racista (black person)* negrata *mf* de mierda

spare ADJ **that music is driving me spare** *(irritating me)* esa música me está mosqueando una pasada; **she went spare** *(got angry)* se subió por las paredes; **she was going spare** *(worried)* estaba superpreocupada; **I felt like a spare prick at a wedding around those two lovebirds** *Humorístico (superfluous)* yo con esos dos tortolitos no pintaba nada; **spare tyre** *Humorístico (fat around waist)* michelines *mpl*

spastic 1 N *Insulto (stupid person)* subnormal *mf*; **you spastic!** ¡subnormal!
2 ADJ *(stupid)* subnormal

ⓘ Cuando el término **spastic** se dirige a una persona estúpida, se considera un término ofensivo para los que sufren de una enfermedad mental.

spazzy 1 N *Insulto (stupid person)* subnormal *mf*; **you spazzy!** ¡subnormal!
2 ADJ *(stupid)* subnormal

ⓘ Cuando el término **spazzy** se dirige a una persona estúpida, se considera un término ofensivo para los que sufren de una enfermedad mental.

speed N *(amphetamine)* espid *m*
spew 1 N *(vomit)* potada *f*
2 VT *(vomit)* potar
3 VI *(vomit)* echar la pota

spew up

spew up 1 vt sep *(vomit)* potar; **I spewed my guts up** *(vomited violently)* eché la primera papilla
2 vi *(vomit)* potar

spic[!!] n *esp US Racista (Hispanic)* hispano(a) *m,f* de mierda

spliff n *(marijuana cigarette)* canuto *m*

split vi *(inform)* **to split (on somebody)** chivarse (de alguien)

spod n *(geek)* colgado(a) *m,f*, geek *mf*

spot → **hit**

sprog → **drop**

spunk n (**a**) *(semen)* lefa *f* (**b**) *(courage)* pelotas *fpl*

squat n *US (anything)* **you don't know squat about my problems!** ¡no tienes ni puñetera idea de mis problemas!; **we didn't get squat** no nos dieron ni un carajo

stark adv **he was stark bollock naked** *(completely naked)* estaba en bolas; **he stripped stark bollock naked in front of everyone** se despelotó delante de todos; **she's stark raving bonkers** *(crazy)* está como una regadera

starkers adj *(naked)* en pelotas

steaming 1 adj *(drunk)* **to be steaming** estar mamado(a)
2 adv *(for emphasis)* **a steaming great hole** un agujero de campeonato

stick 1 n **she lives in the sticks** *(middle of nowhere)* vive en la quinta puñeta → **short**
2 vt (**a**) *(bear)* tragar; **I don't think I can stick this job much longer** ya no trago más este trabajo
(**b**) *(stab)* pinchar
(**c**) *(phrases)* **if you don't like it, you can stick it** *(too bad)* si no te gusta, ajo y agua; **you can stick your job!** *(forget it)* ¡métete el trabajo donde te quepa!; **stick it up your jumper!** *(get lost)* ¡que te folle un pez!; **stick it where the sun don't shine!** *(get lost)* ¡métetelo donde te quepa!; **he's been sticking it to his neighbour's wife** *(having sex with)* se ha estado trajinando a la mujer del vecino → **arse, ass**

stiff n *(corpse)* fiambre *m*

stiffy n *(erection)* **he got a stiffy** se le empalmó; **to have a stiffy** estar empalmado

stoned adj *(on drugs)* **to be/get stoned** llevar/coger un ciego; **I was/got stoned out of my brain** *or* **up to the eyeballs** llevaba/agarré un cebollazo de campeonato

stonking adv *(for emphasis)* **a stonking great lie/hole/bruise** una mentira/un agujero/una moradura de campeonato

strapped adj **to be strapped for cash** *(short of money)* estar sin blanca

stressed out adj *(under stress)* **to be stressed out (about something)** estar agobiado(a) (por algo); **to get stressed out (about something)** agobiarse (por algo)

strop n *(bad mood)* **to be in a strop (about something)** estar de malas pulgas (por algo); **there's no need to get in a strop about it** no hace falta que te lo tomes así de mal

stroppy adj *(bad-tempered)* **my brother's a stroppy bugger** mi hermano tiene muy malas pulgas; **what are you so stroppy about today?** ¿por qué estás de tan malas pulgas hoy?; **there's no need to get stroppy about it** no hace falta que te lo tomes así de mal; **stop being such a stroppy cow!** ¡no seas tan cerda!

strut VT **let's get out there and strut our funky stuff** (dance) vamos a menear el esqueleto

stud N (virile man) semental m

studmuffin N (attractive man) guaperas m inv

stuff 1 N **I don't** or **couldn't give a stuff about him** (don't care) me importa un carajo → **bit**
2 VT **(a)** (defeat) machacar
(b) (have sex with) montar
(c) (phrases) **we stuffed our faces (with cake)** (ate a lot) nos pusimos hasta arriba (de pasteles); **stuff it, I've had enough of painting for today** (to hell with it) ¡a paseo por hoy con la pintura!; **if you don't like it you can stuff it** (too bad) si no te gusta, te lo puedes meter por donde te quepa; **tell him to stuff it** (get lost) dile que se vaya al cuerno; **he wants us to come in on Saturday – stuff that!** (no way) quiere que vayamos a trabajar el sábado – ¡y una eme!; **you can stuff your job!** (keep it) ¡te puedes meter el trabajo donde te quepa!

stuffed ADJ **(a)** (full up) **I'm stuffed!** ¡no puedo más!
(b) (phrases) **get stuffed!** (go away) ¡vete a tomar por saco!; (expresses refusal) ¡que te den morcilla!; **I think she fancies me – get stuffed!** (expresses disbelief) creo que le gusto – ¡y una leche!; **we're really stuffed now!** (we've had it) ¡la hemos cagado!

stylee SUFFIX (in the style of) **he dived in to rescue her, James Bond-stylee** se tiró de cabeza para rescatarla, a lo James Bond; **a reggae-stylee version of the song** una versión reggae de la canción

suck 1 VT esp US **to suck face** (kiss) morrearse
2 VI esp US (be bad) **this album sucks** este álbum es un churro; **birdwatching sucks, can't we do something interesting?** ir a ver pájaros es un rollo, ¿no podríamos hacer algo más interesante?; **we have to get up at six every morning – that sucks!** nos tenemos que levantar a las seis todos los días – ¡qué lata!

suck up VI (be sycophantic) **she's always sucking up to the teacher** siempre está haciéndole la pelota al profesor

sucky ADJ (bad) chungo(a); **what a sucky pair of trainers!** ¡vaya caca de zapatillas!

suit N (office worker) **the train I get in the morning is full of suits** el tren que cojo por las mañanas está lleno de los típicos currantes trajeados

sun N **she thinks the sun shines out of his arse** (thinks the world of him) se cree que él es la rehostia

sunshine N (form of address) guapo(a) m,f

sussed ADJ **(a)** (streetwise) espabilado(a)
(b) (worked out) **I still haven't got the computer sussed** todavía no le he pillado el truco al ordenador; **I've got her sussed, she's after his money** ya sé de qué va, sólo quiere su dinero; **he's got it sussed, he does almost no work and gets paid a fortune** se ha sabido buscar la vida, no pega ni golpe y gana una fortuna

suss out VT SEP (work out) **I soon sussed out that she was lying** enseguida pesqué que estaba mintiendo; **I haven't sussed out how it works yet** todavía no acabo de pescar cómo funciona; **I decided to suss the place out before booking in there** decidí echar un

sweat

vistazo al lugar antes de hacer la reserva *[not slang]*; **it took me a while to suss her character out** me llevó un rato enterarme de qué iba

sweat N **are you sure you can do it? – no sweat** *(easily)* ¿estás seguro de que puedes hacerlo? – ¡descarado!

sweet → **F.A.**

swift → **one**

swipe VT *(steal)* birlar; **who swiped my pen?** ¿quién me ha birlado el boli?

swot 1 N *(over-keen student)* **he's a (girlie) swot** es un empollón
2 VI *(study hard)* **to swot (for an exam)** empollar (un examen)

swot up 1 VT INSEP *(study a lot)* empollar
2 VI *(study a lot)* **to swot up on something** empollar algo

T

tab N *(of acid)* pasti *f*

tackle N *(male genitals)* paquete *m*

tadger N *(penis)* pito *m*

tail N *US Sexist (women)* chorbas *fpl*; **a piece of tail** una chorba

talent N *(attractive people)* **check out the talent on this beach!** fíjate qué bueno está el personal en esta playa

talk VI **he's talking out of his arse** *or US* **ass** *(talking nonsense)* está diciendo gilipolleces → **hand**

tart N **(a)** *(prostitute)* fulana *f*
(b) *Insulto (promiscuous woman)* zorra *f*; **you bloody tart!** ¡zorra de mierda!
(c) *Sexista (any woman)* jaca *f*; **a tart with a cart** *Humorístico (air hostess)* una azafata *[not slang]*
(d) *Sexista (girlfriend)* chorba *f*

tart up VT SEP *(make more attractive)* poner guapo(a); **she's tarting herself up** se está poniendo guapa

tasty ADJ **(a)** *(physically attractive)* **he's a bit tasty** está para comérselo; **look at that tasty bird over there** fíjate en ese bombón
(b) *(good)* molón(ona)

tat N *(cheap and nasty goods)* pijadas *fpl*

thick ADJ *(stupid)* corto(a); **he's as thick as two (short) planks** es más corto que las mangas de un chaleco; **he's as thick as shit** no es más subnormal porque no se entrena

tick ADJ *(physically attractive)* potente

tie VT **to tie the knot** *(get married)* casarse *[not slang]*

tight ADJ **(a)** *(miserly)* rácano(a); **he's a tight bastard** es un rácano de la hostia
(b) *(drunk)* **to be tight** estar como una cuba
(c) *(friendly)* **to be tight (with somebody)** llevarse genial (con alguien)

tight-arse, *US* **tight-ass** N *(miserly person)* **he's a right tight-arse** es un roñoso de la hostia

tight-arsed, *US* **tight-assed** ADJ *(miserly)* roñoso(a)

tinnies NPL *esp Australian (cans of beer)* latas *fpl* de birra

tip N *(messy place)* pocilga *f*

tit N **(a)** *(breast)* teta *f*; **(get your) tits out for the lads!** *Sexista* ¡macizorra! → **arse**
(b) *Insulto (idiot)* tontolaba *mf*; **I felt (like) a right tit** me sentí como un gilipollas; **not there, you (stupid) tit!** ¡ahí no, tontolaba!
(c) *(phrases)* **that music is really getting on my tits** *(annoying me)* estoy hasta los huevos de esa música; **to go tits up** *(go wrong)* irse a tomar por saco

tizz, tizzy N *(panic)* **to be in a tizz** *or* **tizzy about something** estar histérico por algo; **to get in a tizz** *or* **tizzy about something** ponerse histérico por algo

tool

tool N (**a**) *(penis)* instrumento *m* (**b**) *Insulto (contemptible man)* soplapollas *m inv*

top VT **she topped herself** *(committed suicide)* se mató

tops ADV *(at the most)* **it'll cost twenty quid tops** costará veinte libras como mucho

toss N **I don't** or **couldn't give a toss about it/them** *(don't care)* me la suda/sudan; **he couldn't give a toss** *(doesn't care about anything)* todo se la suda; **who gives a toss what he thinks, anyway?** *(no-one cares)* ¿y a quién le importa un huevo lo que piense?; **it's good to meet some other people who actually give a toss about animal rights** *(care)* es bueno conocer a otros que no se pasan los derechos de los animales por la entrepierna

tosser N *Insulto (contemptible man)* capullo *m*; **you tosser!** ¡capullo!

toss off 1 VT SEP *(masturbate)* **she was tossing him off** se la estaba cascando; **he was tossing himself off** se la estaba cascando
2 VI (**a**) *(masturbate)* **I found him tossing off** lo encontré cascándosela (**b**) *(go away)* **tell him to toss off** dile que se vaya a cascarla; **toss off!** ¡vete a cascarla!

tosspot N *Insulto (contemptible man)* cabrito *m*; **you tosspot!** ¡cabrito!

tottie, totty N *(attractive men)* tíos *mpl* buenos; *(attractive women)* tías *fpl* buenas; **check out the tottie over there!** ¡fíjate qué tíos más buenos hay ahí!; **what's the tottie like over in Spain?** ¿qué tal está el personal en España?

tough 1 ADJ **well, that's just tough, isn't it?** *(too bad)* pues te jorobas, ¿no?; **tough shit** *(too bad)* ¡a joderse y aguantarse!; **tough titty!** *(too bad)* ¡ajo y agua!
2 INTERJ *(too bad)* **I don't like it – tough!** no me gusta – ¡te jorobas!

town → **hit**

toy boy N *(young boyfriend)* amiguito *m*

trap → **shut**

trip 1 N (**a**) *(on drugs)* viaje *m*; **she's on a trip** está dando un viaje; **she had a bad trip** ha tenido un mal viaje; **why does he treat her like that? – it's just an ego trip** ¿por qué la trata así? – lo hace para demostrarle lo importante que es *[not slang]*; *esp US* **don't try and lay a guilt trip on me about you failing your exams** a mí no me intentes endiñar la culpa de haber suspendido tus exámenes
(**b**) *esp US (phrases)* **that guy's a trip!** *(fun, amusing)* ¡ese tío es un cachondo mental!; **quantum mechanics classes are a trip!** *(weird and wonderful)* ¡las clases de mecánica cuántica son alucinantes!
2 VI *(on drugs)* flipar

trolley N **he's off his trolley** *(crazy)* está majareta; **a trolley dolly** *Humorístico (air hostess)* una azafata *[not slang]*

trout pout N *(over-sized lips resulting from collagen implant)* labios *mpl* como salchichas

tub N (**a**) *(fat stomach)* tripaza *f* (**b**) *(fat person)* tonel *m*; **he's a great big tub of lard** *(fat)* está más gordo que una ballena

turd N (**a**) *(piece of excrement)* cagada *f*; **a dog turd** una cagada de perro
(**b**) *Insulto (contemptible person)* cabronazo(a) *m,f*; **piss off, you little turd!** ¡vete a la mierda, cabronazo!

turn off VT SEP (**a**) *(sexually)* **smelly feet really turn me off** no hay nada

que me ponga menos cachonda que unos pies malolientes
(**b**) *(cause to lose interest)* **her very dry style really turns me off** su estilo tan seco me aburre olímpicamente

turn-off N (**a**) *(sexually)* **wearing those smelly socks in bed is a real turn-off** lo de llevar esos calcetines malolientes a la cama me quita las ganas de todo
(**b**) *(bore)* cuelgue *m*

turn on VT SEP (**a**) *(sexually)* **it turns me on** me pone cachondo; **I'm really turned on** estoy muy cachonda
(**b**) *(interest)* **the thought doesn't exactly turn me on** la idea no es que me vuelva loca; **I find quantum mechanics really fascinating – whatever turns you on!** la mecánica cuántica me parece alucinante – vale, cada loco con su tema

turn-on N (**a**) *(sexually)* **that's a real turn-on** eso me pone cachondo
(**b**) *(exciting thing)* **it's a real turn-on** me vuelve loca

twat 1 N (**a**) *(vagina)* coño *m*
(**b**) *Insulto (contemptible man)* capullo *m*; **you (stupid) twat!** ¡capullo!
2 VT *(hit)* dar un hostión a; **I twatted my head on the door frame** me di un hostión en la cabeza con el marco de la puerta

twatted ADJ *(drunk)* **to be twatted** llevar una tajada; **to get twatted** coger una tajada

twerp N *Insulto (contemptible person)* memo(a) *m,f*; **you (stupid) twerp!** ¡memo!

twig 1 VT *(understand)* pescar
2 VI *(catch on)* pescar

twist → **round**

twit N *Insulto (contemptible person)* memo(a) *m,f*; **you (stupid) twit!** ¡memo!

U

up 1 ADJ (**a**) *(ready)* **tea's up!** ¡ya está la cena!
(**b**) *(phrases)* **we're going canoeing, are you up for it?** *(game)* vamos a hacer piragüismo, ¿te apuntas?; **her opponent wasn't up for it** *(prepared to fight)* su contrincante no estuvo a la altura de las circunstancias; **she was really up for it** *(keen to have sex)* se moría de ganas de hacerlo
2 ADV **I'm up to here with him/it** *(fed up)* estoy hasta los mismísimos de él/eso; **she hasn't got very much up top** *(she's stupid)* las he visto más listas
3 PREP (**a**) *(at)* **where's Bill? – up the pub** ¿dónde está Bill? – en el bar *[not slang]*
(**b**) *(phrases)* **up yours!** *(get stuffed)* ¡que te den por (el) culo!; **up yer kilt!** *Humorístico (get stuffed)* ¡que te folle un pez!; **he was right up the boss all afternoon** *(obsequious)* le estuvo lamiendo el culo al jefe toda la tarde; **the two of them were up each other the whole evening** *(flattering each other)* se estuvieron lamiendo el culo toda la tarde; **he's totally up himself** *(full of himself)* es un creído de mierda

V

veg out VI *(relax mindlessly)* vegetar

vibe N *(atmosphere)* **that whole 1970s vibe** esas vibraciones de los 70; **I get good/bad vibes off that bloke** ese tío me da buenas/malas vibraciones; **the house gave me strange vibes** la casa me daba unas vibraciones muy raras

virus N **he's got the virus** *(HIV)* es seropositivo *[not slang]*

W

wacko → **whacko**

waffle 1 N *(verbosity)* **her speech was a load of old waffle as usual** su discurso tenía la paja de siempre; **to talk waffle** enrollarse
2 VI *(be verbose)* enrollarse

wally N *Insulto (stupid person)* merluzo(a) *m,f*; **not there, you wally!** ¡ahí no, merluzo!

wangle VT *(get hold of)* **I wangled some tickets for the concert** me agencié unas entradas para el concierto; **I managed to wangle it so that we didn't have to go** me las apañé para que no tuviéramos que ir; **I wangled an extra week's holiday out of the boss** camelé al jefe para que me diera una semana más de vacaciones; **he managed to wangle his way out of doing the washing-up** se las apañó para no tener que lavar los platos

wank 1 N (**a**) *(act of masturbation)* paja *f*; **to have a wank** hacerse una paja; **a wank mag** *(porn magazine)* una revista guarra
(**b**) *(nonsense)* **that's a load of old wank** eso es una chuminada que te cagas
2 VI *(masturbate)* hacerse una paja

wanker N *Insulto (contemptible man)* maricón *m*; **you stupid wanker!** ¡maricón!

wank off 1 VT SEP *(masturbate)* **she was wanking him off** le estaba haciendo una paja; **he was wanking himself off** se la estaba pelando
2 VI *(masturbate)* **I found him wanking off** me lo encontré pelándosela

wanky ADJ *(self-indulgent and pretentious)* **a wanky guitar solo** un solo interminable de los cojones; **a wanky web site** una web pretenciosa que te cagas; **wanky hi-fi equipment** equipo de alta fidelidad para cabrones pretenciosos

wasted ADJ *(drunk, on drugs)* **to be wasted** llevar una tajada; **to get wasted** coger una tajada

way N **no way, José!** *(expresses refusal)* ¡de eso nada, monada!; **way to go!** *US (well done)* ¡bien hecho, colega!

wazz 1 N *(act of urination)* **I need a wazz** tengo que mear; **to go for a wazz** ir a mear; **to have a wazz** mear
2 VI *(urinate)* mear

wazzed ADJ *(drunk)* **to be wazzed** ir bolinga; **to get wazzed** ponerse bolinga

wazzock N *Insulto (stupid person)* mamón(ona); **you wazzock!** ¡mamón!; **I felt a right wazzock in my kilt** me sentí como un mamón con mi falda escocesa

wee 1 N (**a**) *(urine)* pis *m*
(**b**) *(act of urination)* **to do** *or* **have a wee** hacer pis; **to go for a wee** ir a hacer pis
2 VT **the baby's weed himself** *(wet*

weed

himself) el bebé se ha hecho pis
3 vi *(urinate)* hacer pis

weed N (**a**) *(weak person)* debilucho(a) *m,f* (**b**) *(marijuana)* hierba *f*

wee-wee 1 N (**a**) *(urine)* pis *m* (**b**) *(act of urination)* **to do** or **have a wee** hacer pis; **to go for a wee** ir a hacer pis
2 vi *(urinate)* hacer pis

weirded out ADJ *(disconcerted)* **I was well weirded out when I found out his room was covered in photos of me** me quedé a cuadros cuando vi que tenía el cuarto cubierto de fotos mías

weirdo N *(strange man)* tipo *m* raro; *(strange woman)* tipa *f* rara

well ADV *(very)* **I was well pleased** me quedé supercontento; **he was well away** *(drunk)* llevaba un buen cebollazo; **she was well out of it** *(intoxicated)* llevaba una buena tajada

wet 1 N *(ineffectual person)* blandengue *mf*
2 ADJ *(ineffectual)* blandengue

whack 1 N (**a**) *(go, attempt)* **to have a whack at something** intentar algo *[not slang]* (**b**) *(amount)* **I had to pay the full whack** tuve que pagar todito el precio
2 VT (**a**) *esp US (kill)* **they whacked him** se lo cepillaron
(**b**) *(put)* **I'll just whack it on my credit card** lo apoquinaré con la tarjeta de crédito
3 ADJ *(bad)* **to be whack** ser un truño

whackjob N *esp US* (**a**) *(eccentric person)* pirado(a) *m,f* (**b**) *(mentally ill person)* pirado(a) *m,f*

ⓘ En la acepción (**b**), el término **whackjob** se considera un término ofensivo para los que sufren de una enfermedad mental.

whacko N *esp US (lunatic)* pirado(a) *m,f*

whack off vi *(masturbate)* **he was whacking off** se la estaba pelando

whatever INTERJ (**a**) *(expresses disinterest)* **I'll call you next week – whatever** te llamaré la próxima semana – tú mismo
(**b**) *(expresses dismissive attitude)* **my mum's like "finish your homework" and I'm like "yeah, whatever..."** mi madre me dice "acaba los deberes" y yo le digo, "vale, lo que sea..."
(**c**) *(expresses disbelief)* **nothing happened, we're just friends! – yeah, whatever...** no pasó nada, ¡sólo somos amigos! – vale, si tú lo dices...

wheels NPL *(car)* coche *m [not slang]*; **I need a new set of wheels** necesito un nuevo coche *[not slang]*; **just wait till I finally get some wheels** tú espera a que consiga un coche *[not slang]*

whopper N (**a**) *(big thing)* **the trout I caught was a whopper** pesqué una trucha de campeonato; **that bruise you've got is a whopper** ese moratón que tienes es una pasada de grande
(**b**) *(lie)* trola *f*

whopping ADJ *(huge)* de campeonato; **he had a whopping great bruise on his knee** tenía un moratón de campeonato en la rodilla

whore N (**a**) *(promiscuous woman)* **she's a whore** es muy puta
(**b**) *Insulto (contemptible woman)* zorra *f*; **piss off, you (stupid) whore!** ¡vete a la mierda, zorra!

wicked 1 ADJ (**a**) *(excellent)* bestial
(**b**) *(phrases)* **she had her wicked way with him** *Humorístico (had sex)* se echó un feliciano con él
2 INTERJ *(excellent)* ¡bestial!

willie, willy N *(penis)* cola *f*

wimp N **(a)** *(person who is easily scared)* **I'm a bit of a wimp when it comes to flying** me entra el miedo en el cuerpo cuando tengo que volar; **don't be such a wimp and ask her to dance** no seas cortado y sácala a bailar **(b)** *(weak person)* enclenque *mf*

vino N *(drunk)* borrachuzo(a) *m,f*

wise guy N *(know-all)* listillo(a) *m,f*; **OK, wise guy, one more word and I'll blow your brains out** oye majo, una palabra más y te salto la tapa de los sesos

wobbler, wobbly N **to throw a wobbler** *or* **wobbly** *(get angry)* coger un mosqueo de no te menees; *(panic)* ponerse histérico(a)

wog [!!] N *Racista (black person)* negrata *mf* de mierda

wop [!!] N *Racista (Italian)* italiano(a) *m,f* de mierda

wrist → **one**

Y

Yank N *(American)* yanqui mf

Yid [!!] N *Racista (Jew)* judío(a) m,f de mierda

yo INTERJ *(greeting)* ¿qué pasa?; *(to attract attention)* ¡eh!; **yo, I did it!** *(expresses approval)* ¡tío, lo he conseguido!

Z

Z → cop

zilch 1 N *(nothing)* **there's zilch on TV tonight** no hay ni papa en la tele esta noche; **how much food is left? – zilch** ¿cuánta comida queda? – nada de nada; **you don't know zilch about that subject** no sabes ni jota del tema 2 ADJ *(no)* **I got zilch help from her** no me ayudó un pijo

zip, zippo N US *(nothing)* **we won six to zip(po)** ganamos seis a cero pelotero; **how much food is left? – zip(po)** ¿cuánta comida queda? – nada de nada; **you don't know zip(po) about that subect** no sabes ni jota del tema

zit N *(spot)* grano m [not slang]

Spanish–English
Español–Inglés

A

aborto NM *(feo)* **ser un aborto** *(hombre, mujer)* to be piss-ugly; *(mujer)* to be a dog

abrirse VPR *(marcharse)* **yo me abro, que estoy cansada** I'm out of here, I'm tired; **vamos a abrirnos, que viene el jefe** we'd better leg it, the boss is coming; **¿nos abrimos?** shall we hit the road?

acojonado, -a 1 ADJ (**a**) *(aterrorizado)* **estar acojonado** to be scared shitless
(**b**) *(impresionado)* bloody gobsmacked; **me quedé acojonado cuando me contó lo que le habían regalado** I was totally bloody gobsmacked when she told me what they'd given her
2 NM,F *(un cobarde)* **eres un acojonado** you've got no balls

acojonante ADJ (**a**) *(excelente)* bloody brilliant; **este videojuego es acojonante** this video game's bloody brilliant; **es un tenista acojonante** he's a bloody brilliant tennis player
(**b**) *(aterrador)* bloody terrifying

acojonar 1 VT (**a**) *(aterrorizar)* **me acojonó** he scared me shitless
(**b**) *(impresionar)* **me acojona verla cocinar** it's bloody amazing watching her cook; **nos dejó acojonados con lo que sabe de cine** we were bloody gobsmacked by how much she knew about films
2 VI **hace un frío que acojona** *(mucho)* it's bloody freezing; **tu amiga baila que acojona** *(muy bien)* your friend's a bloody brilliant dancer
3 **acojonarse** VPR (**a**) *(aterrorizarse)* **se acojonó cuando vio que le estaban apuntando con un arma** he nearly shat himself when he saw them pointing a gun at him; **le iba a pedir salir pero al final se acojonó** he was going to ask her out but in the end he crapped out; **se acojona con cualquier película de miedo** any old horror film's enough to make her shit herself
(**b**) *(impresionarse)* **nos puso un examen de acojonarse** he set us a pisser of an exam; **nos acojonamos viéndola cocinar** it was bloody amazing watching her cook; **acojónate, ¿a que no sabes a quién he visto?** be prepared to be bloody amazed... guess who I saw?

acojone NM, **acojono** NM (**a**) *(miedo)* **¡qué acojone! casi me mordió la serpiente** I was scared shitless, I almost got bitten by the snake!; **nos entró un acojone terrible** we were shit-scared; **las montañas rusas me dan mucho acojone** roller coasters totally scare the shit out of me
(**b**) *(cosa excelente)* **es un acojone de película** that film's the bloody business; **es un acojone de tío** he's a bloody brilliant bloke; **¡qué acojone de canción!** that song's the bloody business!

afanar VT *(robar)* to pinch; **le afanaron la cartera en el metro**

agenciar

he had his wallet pinched on the underground; **¿quién me ha afanado el boli?** who's pinched my pen?

agenciar 1 VT *(conseguir)* **¿no me podrías agenciar una invitación para la fiesta?** do you think you could wangle me an invite to the party?; **os voy a agenciar una habitación con una vista espectacular** I'll sort you out with a room with a brilliant view
2 agenciarse VPR *(conseguir)* **me he agenciado cuatro entradas para el concierto** I've managed to get hold of four tickets for the concert; **¿dónde te has agenciado esa novia tan guapa?** how come you managed to get yourself a beautiful girlfriend like her?; **siempre se las agencia para no tener que limpiar** *(se las arregla)* he always works it so he doesn't have to do the cleaning; **siempre se las agencia para mosquear a todo el mundo** *(se las arregla)* she always manages to go and rub people up the wrong way

agilipollado, -a ADJ *(atontado)* **no me pidas que te ayude porque hoy estoy completamente agilipollado** it's no good asking me to help you, I'm totally bloody out of it today; **con tantos exámenes ando muy agilipollado** all these exams are doing my bloody head in; **¿por qué pones esa cara de agilipollado?** stop looking like a bloody moron!

agilipollar 1 VT *(volver tonto)* **esas películas te agilipollan** those films turn you into a bloody zombie
2 agilipollarse VPR *(volverse tonto)* **te estás agilipollando con tanta tele** all that telly's turning you into a bloody zombie

ajo NM **estar en el ajo** *(enterado)* to be in the know; **estar metido en el ajo** *(estar involucrado)* to be mixed up in it; **ajo y agua** *Humorous Euphemism [a joderse y aguantarse] (aguántate)* tough titty!; **no me queda dinero para el fin de semana – pues ya sabes, ajo y agua** I'm out of cash for the weekend – tough titty!

alerón NM *(sobaco)* pit; **te cantan los alerones** your pits stink

almeja NF *(vagina)* slit

alucinado, -a ADJ **(a)** *(sorprendido)* gobsmacked; **me quedé alucinado cuando me enteré de lo de su boda** I was gobsmacked when I found out about them getting married
(b) *(encantado)* chuffed; **estoy alucinada con el regalo que me habéis hecho** I'm really chuffed with your present

alucinante ADJ **(a)** *(genial)* awesome; **este disco es alucinante** this record's awesome; **es un tío alucinante** he's a top guy; **es alucinante lo bien que juega** she's an awesome player
(b) *(increíble)* flipping unbelievable; **me parece alucinante que no te haya pedido perdón** it's flipping unbelievable that he didn't apologize to you

alucinar VI *(expresa sorpresa, admiración)* **me alucinó su reacción** I was gobsmacked by their reaction; **ese actor me alucina** I think that actor's awesome; **aluciné con la comida que nos preparó** I thought the meal she made for us was awesome; **yo alucino con las tonterías que dice tu hermano** the stuff your brother comes out with is flipping unbelievable; **alucina, me voy de vacaciones a China** get this, I'm going to China for my holidays; **aluciné en colores** o **por un tubo con la fiesta que**

asaltacunas

montó *Humorous* (me gustó mucho) her party was totally far out; **yo alucino en colores** o **por un tubo con las tonterías que dice tu hermano** *Humorous* (me sorprendo) what's your brother on? he doesn't half come out with a load of old nonsense sometimes; **alucina, Maripili, me he echado un novio italiano** *Humorous* stick this in yer pipe and smoke it, I've got myself an Italian boyfriend!; **alucina, Maripili, Eva se va a casar** *Humorous* blimey O'Reilly, Eva's getting married! ➔ **Nombres propios nouns**

alucine NM (**a**) (*genialidad*) **esa película es un alucine** that film's awesome; **ese tío es un alucine** he's a top guy; **¡qué alucine de coche!** what an awesome motor! (**b**) (*cosa increíble*) **es un alucine que no te hayan invitado** it's flipping unbelievable that they didn't invite you

amuermado, -a ADJ (*aburrido*) **estábamos amuermados en el sofá** we were sitting on the sofa, bored out of our tiny minds; **el personal está un poco amuermado, ¿no?** the folk here are a bit of a yawn, aren't they?

amuermar 1 VT (*aburrir*) **sus películas me amuerman** his films are a yawn; **eso amuerma a cualquiera** that's enough to bore anyone out of their tiny mind
2 amuermarse VPR (*aburrirse*) to be bored out of one's tiny mind; **no tengo nada que hacer y me estoy amuermando** I've got nothing to do and I'm bored out of my tiny mind; **la música no impide la conversación, pero tampoco deja que te amuermes** the music isn't so loud you can't hear yourself talk, but it's loud enough to stop you from nodding off

anormal *Insult* **1** ADJ (*estúpido*) **es anormal** he's a moron
2 NMF (*estúpido*) moron; **¡anormal!** you moron!

apalancado, -a ADJ (*acomodado*) **estoy aquí apalancado en casa y no me apetece salir** I'm nice and cosy here at home and I don't feel like going out; **se pasa todo el día apalancado delante de la tele** he spends the whole day slobbing around in front of the telly

apalancarse VPR (*acomodarse*) to get nice and comfy

apoquinar 1 VT (*pagar*) **vamos a tener que apoquinar diez euros cada uno** we're going to have to fork out ten euros each; **apoquinó el dinero que me debía** he coughed up the money he owed me
2 VI (*pagar*) to cough up

armario NM **salir del armario** (*confesarse homosexual*) to come out

asaltacunas NM INV *Humorous* (*ligón*) cradle-snatcher

B

baba NF *(genio)* **tiene muy mala baba** he's a real ratbag; **¡qué mala baba tienes!, ¿por qué le pones la zancadilla?** you ratbag, why did you trip her up?; **aquí hay mucha gente con mala baba** a lot of the people round here are real ratbags

bakala 1 ADJ *(música, ritmo)* techno; **una versión bakala** a techno remix 2 NMF chav

ⓘ The term **bakala** originally meant anyone who was into techno music. However, it has now come to be used in a wider sense to refer to the Spanish equivalent of *chavs*. **Bakalas** are working-class kids who wander around in tight jeans or shell suits, sporting earrings and gelled up hair. They are usually into techno or hardcore dance music and are never happier than when popping an E or driving around in their pimped up ride blaring out their beats.

bakaladero, -a → **bakala**

bakalao NM **el bakalao** *(la música)* techno

banda NF **me cogió** o **agarró por banda mi tía y no hubo manera de librarme de ella** *(me atrapó)* my aunt cornered me and I couldn't get away from her; **como le coja por banda, ¡se va a enterar de lo que vale un peine!** *(si lo cojo)* just you wait till I get my hands on him, he'll be in for it then!; **el jefe me cogió por banda y me cantó las cuarenta** *(me atrapó)* the boss collared me and read me the riot act

baño NM **le dio un baño** *(le derrotó)* he took him to the cleaner's

bareta NM **ir de baretas** *(ir de bares)* to hit the bars

bareto NM *(bar)* bar *[traducción neutra]*; **es uno de los baretos por los que solemos salir** that bar's one of our regular haunts; **ir de baretos** to hit the bars

barrila NF **deja de dar la barrila** *(de molestar)* stop being such a pain in the butt; **lleva días dando la barrila con que quiere comprarse una moto** *(insistiendo)* he's been banging on about buying a motorbike for days now; **¿por qué no te vas a dar la barrila con la música a otra parte?** *(a molestar)* why don't you go and play your stupid flipping music somewhere else for a change?

basca NF *(gente)* **no te imaginas la cantidad de basca que había en el centro** the town centre was heaving; **pregúntale a la basca qué quiere hacer** ask the guys what they want to do; **vino Juan con toda la basca** Juan turned up with all his mates

bebercio NM **nosotros traemos el comercio y vosotros el bebercio** *(refrescos)* we'll bring the eats and you bring the drinks; *(alcohol)* we'll

bollo

bring the eats and you bring the booze; **le da mucho al bebercio** *(bebe mucho)* he's a right old alkie

beneficiarse VPR **no me importaría beneficiármela** *(acostarme con ella)* I wouldn't mind doing her a favour; **se la benefició** *(se acostó con ella)* he gave it to her

bestial 1 ADJ (**a**) *(genial)* fierce; **es una película bestial** it's one fierce film (**b**) *(enorme)* **tengo un hambre bestial** I'm flipping starving; **tengo unas ganas bestiales de mear** I'm busting for the loo; **¡qué coincidencia más bestial!** that's one major coincidence!
2 ADV *(genial)* **lo pasamos bestial** we had a wild time

bi 1 ADJ *(bisexual)* bi
2 NMF *(bisexual)* bi

birra NF *(cerveza)* beer *[traducción neutra]*; **nos tomamos unas cuantas birras** we had a few pints

bisnes NM INV (**a**) *(trato)* deal *[traducción neutra]*; **quería proponerte un bisnes** I've got a deal you might be interested in (**b**) *(negocio)* business *[traducción neutra]*

bizcocho → **mojar**

bocata NM *(bocadillo)* sub

> ⓘ It's very common for young people to replace the end of a word with the suffix **-ata**, to make it sound trendier. **Bocata** is probably the most common example, but others include **camata** *(waiter)*, **ordenata** *(computer or 'puter)*, **segurata** *(security guard or bouncer)* and **vacatas** *(holidays or hols)*.

bodorrio NM *(boda)* wedding *[traducción neutra]*; **celebró un bodorrio por todo lo alto** she had one hell of a wedding do

bodrio NM *(aburrimiento)* **este libro/esta película es un bodrio** this book/film is deadly

bofia NF **la bofia** *(la policía)* the filth

bola NF (**a**) **bolas** *(testículos)* nuts; **estar en bolas** *(desnudo)* to be starkers; **nos bañamos en bolas** *(desnudos)* we went skinny-dipping; **me pillas en bolas, tío, no sé dónde lo dejé** *(desprevenido)* you've got me there, mate, I've no idea where I left it; **el profesor nos pilló en bolas con el examen** *(desprevenidos)* the teacher caught us on the flipping hop setting us that exam
(**b**) *(mentira)* porky; **contar bolas** to tell porkies; **le metió una bola** she told him a porky
(**c**) *(rumor)* **corre la bola por ahí de que estás saliendo con Javi** what's all this I hear about you going out with Javi?; **corre la bola, Ana está embarazada** Ana's pregnant, pass it on!
(**d**) *(expresiones)* **en esta oficina cada uno va a su bola** *(a su aire)* in this office everyone just does their own sweet thing; **tú a tu bola, y no hagas caso de lo que te digan tus compañeros** *(a lo tuyo)* just do your stuff and don't take any notice of what your colleagues say; **¿te has ido de la bola o qué?** *(¿te has vuelto loco?)* have you flipped or something?

bolinga ADJ *(borracho)* wazzed; **ir bolinga** to be wazzed; **ponerse bolinga** to get wazzed

bollera NF *Homophobic (lesbiana)* lezzy

bollicao NM *(adolescente)* **esa discoteca está llena de bollicaos** that club's full of tasty young babes

bollo 1 NM o NF *Homophobic (lesbiana)* dyke
2 NM *(relación sexual)* **hacerse un**

bombón

bollo to get it on; **¿nos hacemos un bollo?** how about it?

> ⓘ Although **bollo** is a homophobic term when used by heterosexuals to refer to lesbians, it is not offensive when used by gay women to refer to each other.

bombón NM *(mujer)* **su novia es un bombón** his girlfriend's dead tasty

borde 1 ADJ *(malo)* **se puso borde y no me dejó el coche** the miserable bastard wouldn't lend me his car; **no seas borde y ábreme la puerta** don't be such a stupid bastard and open the door!
2 NM *Insult (mala persona)* **es un borde** he's a miserable bastard; **últimamente está de un borde increíble** he's been a right miserable bastard recently

bos NM *(jefe)* **el bos** the gaffer

bote NM **la discoteca estaba de bote en bote** *(abarrotada)* the club was chock-a-block; **tiene a Susana en el bote** *(enamorada)* he's well in there with Susana → **tonto**

botellón NM **el botellón** drinking in the street *[traducción neutra]*

> ⓘ When the weekend comes round, a lot of young Spanish people are in the habit of getting some booze in from a supermarket and then meeting up with their mates somewhere out of doors like a park or a square to spend the evening drinking and chatting. This is known as **el botellón**, and the practice has caught on because it's a lot cheaper to buy your booze from a supermarket and drink it outside than to get ripped off for the same drink in a bar.

braga NF **está hecha una braga** *(destrozada)* she's whacked; **su marcha nos dejó en bragas** *(desprovistos)* she landed us in it by leaving; **me coges** o **pillas en bragas, no sé dónde dejé tu bici** *(desprevenido)* you've got me there, mate, I've no idea where I left your bike; **el profesor nos pilló en bragas con el examen** the teacher caught us on the flipping hop setting us that exam

brasa NF **lleva dos meses dándome la brasa con lo de las vacaciones en el Caribe** *(molestando)* she's been banging on at me for two months about going on holiday to the Caribbean

brasa, brasas 1 ADJ *(pesado)* **no seas brasa** o **brasas, ya te he dicho que no quiero discutir ese asunto** stop being such a pain in the nuts, I've told you I don't want to talk about it; **¡pero qué tío más brasa** o **brasas eres!** stop being such a total pain in the nuts!
2 NMF *(pesado)* pain in the nuts; **tío, eres un brasa** o **brasas de la hostia, ¡cállate ya!** stop being such a bloody pain in the nuts and shut up!

bróder NM (**a**) *(hermano)* bruv (**b**) *(amigo)* bruv; **¿qué te pasa, bróder?** what's up, bruv?

broncas NM INV **es un broncas** *(bravucón)* he's always getting into scraps

bronce NM **ligar bronce** *(tomar el sol)* to catch some rays

brutal 1 ADJ (**a**) *(genial)* fierce; **es una película brutal** it's one fierce film
(**b**) *(enorme)* **tengo un hambre brutal** I'm flipping starving; **tengo unas ganas brutales de mear** I'm busting for the loo

burro

2 ADV *(genial)* **lo pasamos brutal** we had a fierce time

bufas NFPL *Sexist (pechos)* bazongas

buga NM *(coche)* ride

bujarra NM, **bujarrón** NM *Homophobic (homosexual)* arse bandit

burra NF *(moto)* bike

burro NM **yo sin gafas no veo tres en un burro** *Humorous (nada)* I'm as blind as a bat without my glasses; **me estaba poniendo burro** *(erecto)* I was getting a boner

C

caballo NM *(heroína)* smack

cabreado, -a ADJ *(enfadado)* **estar cabreado (con alguien)** to be pissed off (with somebody); **te veo muy cabreado, ¿qué te pasa?** you look really pissed off, what's up?

cabrear 1 VT *(enfadar)* **me cabrea** it pisses me off; **eso cabrea a cualquiera** that's enough to piss anyone off
2 cabrearse VPR *(enfadarse)* to get pissed off; **me cabreo cuando veo cómo algunos no ayudan nada en esta casa** I get really pissed off when I see how some people never help around the house; **no te cabrees conmigo, que no ha sido culpa mía** don't get pissed off at me, it wasn't my fault; **se cabreó porque no la invité a la fiesta** she was pissed off because I didn't invite her to the party

cabreo NM *(enfado)* **cuando se entere va a agarrar** o **coger un cabreo** he's going to be really pissed off when he finds out; **agarró** o **cogió un cabreo porque no la invité a la fiesta** she was pissed off because I didn't invite her to the party; **llevar un cabreo** to be pissed off; **cuando se te pase el cabreo, hablamos** we'll talk when you're not so pissed off any more

cabritada NF (**a**) *(jugarreta)* **eso de que te hagan trabajar el sábado es una cabritada** it's really pissy of them to make you go in to work on Saturday; **¡qué cabritada me han hecho!** they've been real shitbags to me!
(**b**) *(fastidio)* bummer; **¡qué cabritada, tuve que volver a casa andando!** it was a real bummer, I had to walk all the way home!

cabrito, -a NM,F *Insult (mala persona)* **es un cabrito** he's a little shite; **¡cabrito!** you little shite!

cabrón, -ona NM,F (**a**) *Insult (mala persona)* **es un cabrón** he's a bastard; **es una cabrona** she's a stupid bitch; **¡cabrón!** you bastard!; **¡cabrona!** you stupid bitch!; **¡qué cabrón es mi jefe!** my boss is a right bastard!; **la cabrona de tu hermana no me ha invitado a la fiesta** your sister didn't invite me to the party, the stupid bitch!; **es un cabrón de mierda [!!]** he's a fucking bastard; **¡cabrón de mierda! [!!]** you fucking bastard!
(**b**) *(cornudo)* **es un cabrón** his wife's fucking around behind his back
(**c**) *(como intensificador)* **trabajar/estudiar como un cabrón** to work/study like fuck

cabronada NF (**a**) *(jugarreta)* **eso de que te hagan trabajar el sábado es una cabronada** they're real bastards to make you go in to work on Saturday; **¡qué cabronada me han hecho!** they've been real bastards to me!
(**b**) *(fastidio)* fucker; **¡qué cabronada que hayas perdido el último**

autobús! what a fucker that you missed the last bus!

cabronazo, -a NM,F *Insult* turd; **es un cabronazo** he's a stupid turd; **¡cabronaza!** you stupid turd!; **es una cabronaza de mierda[!!]** she's a fucking turd; **¡cabronazo de mierda! [!!]** you fucking turd!

caca NF *(cosa mala)* **este libro es una caca** this is a really crappy book

cacao NM *(lío)* **vaya cacao mental lleva ese tío** that bloke's in a right pickle; **¡te armas unos cacaos mentales increíbles!** you don't half get in a pickle about things!

cacharro NM **tomar unos cacharros** *(bebidas)* to have a few jars; **¿os venís a tomar unos cacharros?** are you coming for a jar?

cachas 1 ADJ INV *(fuerte)* **un tipo muy cachas** a dead muscly bloke; **estar cachas** to be dead muscly
2 NM INV *(persona fuerte)* **es un cachas** he's dead muscly

cachondearse VPR *(burlarse)* **cachondearse de algo/alguien** to take the mickey out of something/somebody; **de mí no se cachondea nadie** no-one takes the mickey out of me

cachondeo NM *(burla)* **estuvieron todo el día de cachondeo** they spent the whole day fooling around; **¡ya basta de cachondeo!** that's enough fooling around!; **¿estás de cachondeo o qué? ¡con el trabajo que tengo cómo voy a ir al cine!** get real! I'm hardly going to go to the cinema with all this work to do!; **no hombre, estoy de cachondeo** no, I'm just having you on, mate; **esta oficina es un cachondeo** this office is a flipping joke; **se llevaron un cachondeo increíble con mi nuevo peinado** they didn't half take the mickey out of my new haircut

cagar

cachondo, -a 1 ADJ (**a**) *(excitado)* **estar cachondo** to be horny; **me estás poniendo cachondo** you're giving me the horn, you're making me horny; **me estoy poniendo cachondo** I'm getting the horn, I'm getting horny
(**b**) *(gracioso)* **es una película cachonda** the film's an absolute scream; **tus amigos son cachondos** your friends are a real laugh
2 NM **ser un cachondo** *(divertido)* to be a real laugh; **el tío es un cachondo mental** *(gracioso)* that guy cracks me up

cafetera NF (**a**) *(coche)* old banger
(**b**) *(aparato viejo)* **una cafetera de ordenador** a clapped-out old computer

cagada NF (**a**) *(excremento)* turd
(**b**) *(equivocación)* cock-up; **fue una cagada no invitarla** we really cocked up by not inviting her; **¡qué cagada!, se lo envié a él en vez de a ella** what a cock-up, I sent it to him instead of her!
(**c**) *(cosa mala)* **este libro es una cagada** this book is a load of bollocks; **fue una cagada de concierto** the concert was a load of bollocks

cagado, -a 1 ADJ *(aterrorizado)* **estar cagado (de miedo)** to be shitting oneself
2 NM,F **eres un cagado** *(un cobarde)* you're a bloody wimp

cagalera NF (**a**) *(diarrea)* **tener cagalera** to have the shits; **me entró la cagalera** I got the shits
(**b**) *(miedo)* **me entró la cagalera** I started shitting myself

cagar 1 VT (**a**) *(fallar)* to cock up; **cagué la primera pregunta del examen** I cocked up the first question in the exam
(**b**) *(fastidiar)* **ahora sí que la hemos cagado** we've really gone

cagar

and buggered it up now; **siempre que abre la boca, la caga** every time she opens her mouth she puts her bloody foot in it; **claro, llegará él y la cagará como siempre** of course he's bound to come along and bugger everything up as usual; **la cagaste, Burt Lancaster** *Humorous* you've made a right royal balls-up of that, haven't you?; **la cagaste, Burt Lancaster, tu madre se ha enterado de que no aprobaste el examen** *Humorous* you're in deep doo-doo now your mum's found out you failed the exam → **Nombres propios**
2 VI *(defecar)* to shit → **pata**
3 cagarse VPR (**a**) *(defecar)* to shit oneself; **me estoy cagando, ¿dónde está el baño?** *(necesito defecar)* I'm dying for a shit, where's the bathroom?; **me estaba cagando de miedo** *(estaba pasando miedo)* I was shitting myself, I was scared shitless; **nos cagamos de risa** *(nos reímos)* we pissed ourselves (laughing); **¡me cagué de vergüenza!** *(pasé vergüenza)* I was so bloody embarrassed!; **¡me cago en la leche** *o* **la hostia!** *(expresando furia)* fucking hell!; **¡me cago en tu madre** *o* **tus muertos** *o* **la madre que te parió!** *(expresando furia)* **[!!]** you fucking bastard!; **¡me cago en Dios!** *(expresando furia)* **[!!]** fucking hell!; **¡me cago en la puta!** *(expresando furia)* **[!!]** fucking bollocks!; **¡me cago en la puta de oros!** *(expresando furia)* **[!!]** bloody fucking bollocks!; **¡me cago en tu puta madre!, ¡me cago en la puta que te parió!** *(expresando furia)* **[!!]** you fucking cunt!; **¡me cago en tu sombra!** *(expresando furia)* you bloody scumbag!; **va todo el día cagándose en su jefe** *(insultando)* he's always saying "the bloody boss this, the bloody boss that…"; **cágate, lorito, ¿a que no sabes a quién me encontré ayer?** *Humorous (expresa sorpresa)* I'll bet you your frigging life you can't guess who I saw yesterday!; **cágate, lorito, ahora dice que no va a ayudarnos** *(expresa sorpresa)* well bugger me if she hasn't turned round and said she's not going to help us now!
(**b**) *(para enfatizar)* **tu amiga está que te cagas** *(guapísima)* your friend's bloody gorgeous; **este bocadillo está que te cagas** *(buenísimo)* this sandwich is bloody delicious; **su último disco está de cagarse** *(buenísimo)* their latest record is shit-hot; **hace un frío que te cagas** *(mucho)* it's bloody freezing; **este asado está que se caga la perra** *Humorous (delicioso)* this roast is the dog's bollocks; **aquí fuera hace un frío que se caga la perra** *Humorous (mucho)* I'm freezing my bollocks off out here!

cague NF *(miedo)* **¡me entró un cague!** I was shitting myself!; **los aviones me dan mucho cague** I'm shit-scared of flying

caldo NM (**a**) **lo puso a caldo** *(criticó)* she laid into him
(**b**) **cambiar el caldo al canario** *o* **a las aceitunas** *Humorous (orinar)* to do a number one

calentar 1 VT (**a**) *(pegar)* **¡como no te calles te voy a calentar!** if you don't shut up I'm going to let you have it!
(**b**) *(sexualmente)* **esa rubia me está calentando** that blonde is giving me the horn; **le encanta ir por ahí calentando al personal** she's a real pricktease
2 calentarse VPR *(pegarse)* **se calentaron a base de bien** they kicked the hell out of each other

calentorro, -a 1 ADJ *(cachondo) (persona)* horny; *(escena, vídeo)* hot;

estar calentorro to be horny; **se pone calentorra con todo aquel que tenga rabo** she'd shag anything in trousers
2 NM,F *(persona cachonda)* **ser un calentorro** to be a horny bugger

calientabraguetas NF INV *(mujer)* **es una calientabraguetas** she loves leading men on

calientapollas NF INV *(mujer)* prickteaser

calimocho NM *(bebida)* calimocho, red wine and Coke *[traducción neutra]*

callo NM *(persona fea)* **ser un callo** *(hombre, mujer)* to be piss-ugly; *(mujer)* to be a dog

calorro, -a NM,F *Racist (gitano)* gippo; **¡eh, tú, calorro, ven aquí!** oi, come over 'ere, you gippo scum!

ⓘ **Calorro** is a racist term when it is used to refer to a gypsy by someone who is not a gypsy. When gypsies use the term to refer to themselves, however, it loses its racist overtones, although it may still sometimes retain connotations of people who are subject to social discrimination.

camata NM *(camarero)* waiter *[traducción neutra]* → **bocata**

camelar VT (**a**) *(persuadir)* **lo cameló para que le prestara dinero** she wangled some money off him; **me cameló para que le cuidara el gato dos semanas** the cheeky so-and-so talked me into looking after his cat for a fortnight
(**b**) *(timar)* **me camelaron cincuenta euros** they conned me out of fifty euros
(**c**) *(enamorar)* **es increíble cómo camela a las chavalitas jóvenes** he really knows how to get all the young girls running after him

capar

canguelo NM *(miedo)* **¡qué canguelo! casi me descubre mi novia** I freaked out when my girlfriend nearly caught me; **los aviones me dan canguelo** flying freaks me out; **me entró el canguelo** I freaked out

cantar VI (**a**) *(llamar la atención)* **canta que estás nervioso** it's dead obvious you're nervous; **canta un montón que son extranjeros** you can tell they're foreigners a mile off; **cómo canta tu corbata** that's one loud tie you've got on!
(**b**) *(oler)* **te cantan los pies** your feet pong → **alerón**

cante NM **con esos pantalones de campana vas a dar el cante** *(llamar la atención)* you're going to stick out like a sore thumb in those bell-bottoms

cantidad 1 NF **había cantidad de gente** *(mucha)* there were loads of people there; **estoy cantidad de cansado** *(muy)* I'm dead tired
2 ADV *(mucho)* **ese disco mola cantidad** that record's dead cool; **me duele cantidad** it's dead painful

cantón, -ona ADJ *(llamativo)* loud; **ser muy cantón** to be totally loud

canuto NM *(cigarrillo de hachís)* joint; **liarse un canuto** to roll (oneself) a joint

caña NF **métele caña al coche** *(fuérzalo)* put your foot down!, step on it!; **no le des tanta caña a la radio** *(no la pongas tan fuerte)* do you have to have the radio on at full blast?; **el profesor nos mete mucha caña** *(nos exige)* the teacher drives us dead hard; **dale caña para que acepte** *(insiste)* keep on at him till he accepts

cañón ADJ **estar cañón** *(guapa)* to be a dish

capar VT **como lo coja, lo capo**

capullo

(se va a enterar) if I get my hands on him, I'll de-bollock him

capullo NM (**a**) *(glande)* helmet; *(prepucio)* foreskin *[traducción neutra]*
(**b**) *Insult (mala persona)* **es un capullo** he's a dickhead; **¡capullo!** you dickhead!

carajo 1 NM (**a**) *(pene)* chopper
(**b**) *(expresiones)* **me mandó al carajo** *(a paseo)* she told me to go to hell; **¡vete al carajo!** *(a paseo)* go to hell!; **¡al carajo con las consecuencias, vamos a hacerlo!** *(no me importan)* bugger the consequences, let's do it anyway!; **el proyecto se ha ido al carajo** *(ha fracasado)* the project's buggered; **me importa un carajo** *(no me importa)* I couldn't give a crap; **este coche no vale un carajo** *(nada)* this car isn't worth shit; **no oigo un carajo** *(nada)* I can't hear a frigging thing; **hace un frío del carajo** *(mucho)* it's frigging freezing
2 INTERJ *(expresando sorpresa)* **¡carajo, qué frío hace aquí!** frigging hell, it's cold in here!; **¡carajo, no te había visto!** frigging hell, I didn't see you there!

cardo NM *(persona fea)* **ser un cardo** *(hombre, mujer)* to be piss-ugly; *(mujer)* to be a dog; **ser un cardo borriquero** to be ugly as shit

carero, -a 1 ADJ *(comerciante)* **ese tendero es muy carero** that shopkeeper rips you off
2 NM,F *(comerciante)* **ese tendero es un carero** that shopkeeper rips you off

careto NM *(cara)* **me levanté con un careto horrible** I looked a right sight when I got up; **¿dónde vas con ese careto?** you look pretty cheesed off, what's up?; **hace tiempo que no te vemos el careto** we haven't seen your ugly mug for ages; **tiene un careto de gilipollas que no se aguanta** he looks like a right dickhead

cargarse VPR (**a**) *(estropear)* **se ha cargado la impresora** he's bust the printer
(**b**) *(asesinar)* **se lo cargaron** they did him in
(**c**) *(suspender)* **el profesor se cargó a media clase** the teacher went and failed half the class
(**d**) **¡como no te calles te la vas a cargar!** *(te vas a enterar)* if you don't shut up you've had it!; **si nos descubren nos la vamos a cargar** *(a meter en un lío)* if they catch us we're in for it *o* we've had it

carroza NMF *(persona anticuada)* old fogey

cascado, -a ADJ *(estropeado)* bust; **la tele está cascada** the telly's bust; **tiene la espalda cascada** she's done her back in

cascar 1 VT (**a**) *(estropear)* to bust
(**b**) *(pegar)* **le cascaron unos neonazis** he got his head kicked in by a bunch of neo-Nazis; **si no te callas, te voy a cascar una hostia** if you don't shut up you're going to get your bloody head kicked in
(**c**) **la cascó** *(murió)* she snuffed it
(**d**) **¡vete a cascarla!** *(¡vete a la mierda!)* bugger off!
2 VI *(hablar)* to yack
3 cascarse VPR (**a**) *(estropearse)* **se ha cascado la tele** the telly's bust; **se me ha cascado el teclado** my keyboard's bust
(**b**) **se la estaba cascando** *(se estaba masturbando)* he was tossing himself off

casposo, -a ADJ (**a**) *(político, ideología)* fascist
(**b**) *(programa, película, humor)* tacky

casquete NM *(cópula)* estaban

echando un casquete they were humping; **no me importaría echar un casquete** I fancy a bit of crumpet

castaña NF (**a**) *(borrachera)* **coger** o **agarrar una castaña** to get hammered; **llevaba una castaña increíble** she was totally hammered (**b**) *(colisión)* **se dieron** o **metieron una castaña contra un camión** they were in a smash-up with a lorry; **se dio** o **metió una castaña esquiando** he had a dead nasty skiing accident

catalufo, -a 1 ADJ *Racist (catalán)* **un político catalufo** a Catalan scum politician
2 NM,F *Racist (catalán)* Catalan scumbag; **¡eh, tú, catalufo, ven aquí!** oi, come over 'ere, you Catalan scum!

cate VT *(suspenso)* fail *[traducción neutra]*; **me han puesto un cate en inglés** I failed my English

catear VT *(suspender)* to fail *[traducción neutra]*; **he cateado inglés** I failed my English; **me han cateado en inglés** I failed my English

catre NM **irse al catre** *(a dormir)* to hit the sack; **me voy al catre** *(a dormir)* I'm gonna hit the sack; **se la llevó al catre** *(se acostó con ella)* he got her in the sack

cazo NM **meter el cazo** *(meter la pata)* to put one's foot in it

cebollazo NM *(por alcohol, drogas)* **agarrar** o **coger** o **pillar un cebollazo** to get wasted; **llevaba un cebollazo encima que no se tenía** he was totally wasted

cepillarse VPR (**a**) *(sexualmente)* **cepillarse a alguien** to stick it to somebody
(**b**) *(en examen)* **el profesor se cepilló a media clase** the teacher went and failed half the class
(**c**) *(asesinar)* **se lo cepillaron** they whacked him
(**d**) *(trabajo, comida)* **cepillarse algo** to polish something off

cerdada NF (**a**) *(suciedad)* **su habitación es una cerdada** his room's a tip
(**b**) *(faena)* **eso que le hicieron fue una cerdada** that was a really crappy thing for them to do to him

cerdo, -a 1 ADJ (**a**) *(sucio)* **es muy cerdo** he's a filthy pig
(**b**) *(malo)* **el muy cerdo no me quiso ayudar** the little shit wouldn't help me
2 NM,F (**a**) *(persona sucia)* pig
(**b**) *(mala persona)* shit; **los hombres son todos unos cerdos** men are all bastards; **es un cerdo machista** he's a sexist pig
(**c**) *(expresiones)* **nos pusimos como cerdos de comer galletas** *(comimos muchas)* we pigged out on biscuits; **trabajamos como cerdos para acabar a tiempo** *(mucho)* we broke o busted our balls to finish on time

chachi 1 ADJ *(genial)* brill, fab
2 ADV *(genial)* **lo pasamos chachi** we had a brill o fab time
3 INTERJ *(genial)* fabby!; *Humorous* **¡chachi piruli!** fantabulous!

chapa NF **no dar** o **pegar ni chapa** *(no trabajar)* to sit around on one's bum all day

chapado, -a ADJ *(cerrado)* closed *[traducción neutra]*

chapar VI (**a**) *(cerrar)* to close *[traducción neutra]*; **nos quedamos en el bar hasta que chaparon** we stayed in the bar till chucking-out time
(**b**) *(estudiar)* to swot

chati NF *Sexist (mujer)* chick; **¡qué buena estás, chati!** hello gorgeous!

chingar 1 VT (**a**) *(estropear)* to bust
(**b**) *(molestar)* **¡deja ya de**

chipén

chingarme! give it a rest!
2 vi (**a**) *(molestar)* **¡deja ya de chingar!** give it a rest!
(**b**) *(copular)* **chingar (con alguien)** to do it (with somebody)
3 chingarse VPR *(estropearse)* **se ha chingado la tele** the telly's bust

chipén ADJ *(genial)* triff

chiripa NF *(suerte)* **tener chiripa** to be jammy; **me lo encontré de chiripa** it was a complete fluke that I found it; **marcó de chiripa** his goal was a fluke

chirona NF *(cárcel)* **estar en chirona** to be in the nick; **lo metieron en chirona** they banged him up

chisme NM **tomar unos chismes** *(bebidas)* to have a few jars; **¿os venis a tomar unos chismes?** are you coming for a jar?

chocho NM (**a**) *(vagina)* fanny; **porque me sale del chocho** *(porque sí)* because I bloody well feel like it
(**b**) **es un chocho loco** *Humorous (loca)* she's off her bloody head

chocolate NM *(hachís)* hash

chola NM *(cabeza)* bonce; **ese tío está mal de la chola** *(está loco)* that bloke's funny in the head; **¿que te deje el coche? ¡tú estás mal de la chola, tío!** *(estás loco)* lend you my car? are you funny in the head or something?; **espero que ni se te pase por la chola decírselo** *(ni se te ocurra)* I hope it won't even enter your tiny mind to tell him

cholar VT *(robar)* to pinch; **me han cholado las llaves** someone's pinched my keys

chorba NF *Sexist* (**a**) *(mujer)* bit of skirt
(**b**) *(novia)* tart

chori NMF *(ladrón)* thief *[traducción neutra]*

chorizar VT *(robar)* to nick; **me chorizaron la moto** I had my motorbike nicked

chorizo, -a NM,F (**a**) *(ladrón)* thief *[traducción neutra]*
(**b**) *(persona corrupta)* crook; **los políticos son todos unos chorizos** politicians are a bunch of crooks

chorra 1 NF (**a**) *(suerte)* **tener chorra** to be jammy; **¡qué chorra tiene!**, **¡tiene una chorra!** the jammy bugger!; **ganaron de chorra** they were dead lucky to win
(**b**) *(pene)* pole
2 NM *(idiota)* div; **deja de hacer el chorra** stop faffing around

chorrada NF (**a**) *(estupidez)* **eso que dijo es una chorrada** what she said's a load of (old) garbage; **no dice más que chorradas** she talks a load of (old) garbage; **deja de hacer chorradas y ponte a trabajar** stop farting around and do some work
(**b**) *(nimiedad)* **con comprarle una chorrada ya vale** just buy her any old stupid little thing; **se pelearon por una chorrada** they fell out over something really daft

choteo NM *(guasa)* **esta oficina es un choteo** this office is a flipping joke; **han estado todo el día de choteo** they've been fooling around all day

chufa NM (**a**) *(colisión)* **se dieron** o **metieron una chufa contra un autobús** they were in a smash-up with a bus; **se dio** o **metió una chufa esquiando** he did himself a mischief skiing
(**b**) *(bofetada)* **cállate o te voy a dar una chufa** shut up or I'll sock you one

chulo, -a 1 ADJ (**a**) *(bonito)* neat; **un coche/regalo muy chulo** a really neat car/present; **¡qué vestido más chulo!** that dress is dead gorgeous!; **lo más chulo de todo es que no**

hay que madrugar the neatest thing about it is you don't have to get up early
(**b**) *(fanfarrón)* cocky; **a mí no te me pongas chulo** don't you get cocky with me!
(**c**) *(lesionado)* **tiene la pata chula** she's done her leg in
2 NM,F *(fanfarrón)* cocky bugger; **eres un chulo de mierda** you're a cocky bastard

chumino NM *(vagina)* muff; **porque me sale del chumino** *(porque sí)* because I bloody well feel like it

chungo, -a 1 ADJ (**a**) *(enfermo)* **estar chungo** to feel rough; **he estado chungo** I've been feeling a bit rough
(**b**) *(de poca confianza)* **es un tío muy chungo** he's a well dodgy character
(**c**) *(de mala calidad)* dodgy; **esa impresora que compré es muy chunga** that printer I bought is well dodgy
(**d**) *(estropeado)* **esta radio está chunga** this radio's knackered
(**e**) *(difícil)* **la última pregunta del examen fue muy chunga** the last question in the exam was a real sod; **veo muy chungo que podamos ir de vacaciones este año** we're going to be struggling to go on holiday this year
2 ADV **¿qué tal te salió el examen? – chungo** *(mal)* how did your exam go? – flipping terribly

chupa NM *(chaqueta)* jacket [*traducción neutra*]

chupar VT **¿te la chupa?** *(¿hace felación?)* does she give head?

chupetón NM *(marca)* love bite

chupi 1 ADJ *(genial)* ace
2 ADV *(genial)* **lo pasamos chupi** we had an ace time
3 INTERJ *(genial)* ace!

churro NM (**a**) *(cosa mala)* **este ordenador es un churro** this computer sucks; **esta tarta me ha salido un churro** this cake I baked sucks
(**b**) *(suerte)* **tuve mucho churro** I was dead jammy; **me la encontré de churro** o **por puro churro** it was a complete fluke that I ran into her
→ **mojar**

chutar 1 VI *(funcionar)* **esta impresora no chuta** this printer's on the blink; **dale a ese botón para que chute** you've got to press that button to make it go; **toma veinte euros, y vas que chutas** *(y es suficiente)* here's twenty euros, that should do you
2 chutarse VPR *(inyectarse drogas)* to shoot up; **su hijo se chuta** her son's a junkie

ciego, -a 1 ADJ (**a**) *(borracho)* pissed; **estar** o **ir ciego** to be pissed; **ponerse ciego** to get pissed
(**b**) *(de drogas)* stoned; **estar** o **ir ciego** to be stoned; **ponerse ciego** to get stoned
2 NM (**a**) *(borrachera)* **agarrar** o **coger un ciego** to get pissed; **cogí un ciego de champán terrible** I got totally pissed on champagne; **llevaba un ciego encima que no se tenía** she was totally paralytic
(**b**) *(de drogas)* **agarrar** o **coger un ciego** to get stoned
(**c**) *(de comida)* **cogimos un ciego de marisco** we pigged out on seafood

cipote NM *(pene)* chopper; **porque no me sale del cipote** *(porque no quiero)* because I don't bloody well feel like it

clavada NF *(precio caro)* rip-off; **treinta euros por un CD? ¡eso es una clavada!** thirty euros for a CD? what a rip-off!; **en esa tienda pegan unas clavadas que no veas**

clavar

they rip you off something chronic in that shop

clavar 1 VT *(cobrar mucho a)* to rip off; **me clavaron diez euros por una cerveza** they charged me ten euros for a beer, it was a real rip-off **2** VI *(cobrar mucho)* **en ese restaurante clavan** that restaurant's a rip-off

cocerse VPR *(emborracharse)* to get paralytic

cocido, -a ADJ *(borracho)* **estar** o **ir cocido** to be paralytic

coco NM *(cabeza)* nut; **ese tío está mal del coco** *(está loco)* that bloke's funny in the head; **me está calentando** o **comiendo el coco para que vaya con ellos** *(insistiendo)* she's been on and on at me about going with them; **se metió a una secta y le comieron el coco** *(le lavaron el cerebro)* he joined a sect where they messed with his mind; **no te calientes** o **comas el coco, no le gustas** *(no te preocupes)* there's no point doing your head in about it, she doesn't fancy you

cojón 1 NM **(a)** *(testículo)* **cojones** bollocks; **¿qué cojones quieres ahora?** *(qué rayos)* what the fuck do you want now?; **la película es aburrida de cojones** *(muy)* the film's as boring as shit; **aquí fuera hace un frío de cojones** *(mucho)* it's sodding freezing out here; **en ese hotel se come de cojones** *(muy bien)* the food in that hotel's shit-hot; **cocina de cojones** *(muy bien)* she's a shit-hot cook; **esta pizza está de cojón de mico** Humorous *(muy buena)* this pizza's the mutt's nuts; **no encuentro las llaves de los cojones** *(malditas)* I can't find the fucking keys; **a ver si se calla ese perro de los cojones** *(maldito)* why can't that fucking dog just shut up!; **estar hasta los cojones de algo** *(harto)* to be fucking fed up with something; **¡no me hinches los cojones, ya te he dicho que no!** *(no me irrites)* give it a fucking rest, I've already said no!; **lleva dos semanas hinchándome los cojones con que quiere ir a la playa** *(irritándome)* he's been banging on at me about going to the fucking seaside for two whole weeks!; **me importa un cojón** *(no me importa)* I couldn't give a fuck; **me importa tres cojones** *(no me importa)* I couldn't give two fucks; **no hay más cojones que madrugar** *(alternativa)* there's fuck all we can do about it, we're just going to have to get up early; **manda cojones que nadie me haya ayudado a subir las cajas** *(es increíble)* would you fucking believe it, nobody offered to help me carry the boxes upstairs!; **me va a hacer caso por cojones** *(a la fuerza)* she's going to listen to me whether she fucking well likes it or not; **se me pusieron los cojones de corbata** *(me aterroricé)* I was bloody well shitting bricks; **no me sale de los cojones** *(no quiero)* I don't fucking well feel like it; **porque me sale de los cojones** *(porque quiero)* because I fucking well feel like it; **tiene cojones que ahora diga que no quiere venir a la excursión** *(es increíble)* would you fucking believe it, now she says she doesn't want to come on the trip!; **no me suben el sueldo – ¡tiene cojones la cosa!** *(es increíble)* they're not giving me a pay rise – it's just fucking unbelievable!; **no tiene más cojones que ayudarme** *(alternativa)* he's got fuck all choice but to help me; **¡no me toques los cojones!** *(no me provoques)* give me a fucking break!; **se ha pasado el día entero tocándose los cojones** *(vagueando)* he's done fuck all all day → **forro, patada**

compi

(**b**) **cojones** *(valor)* balls; **venga tío, con cojones** o **échale cojones, pídele salir** go on, mate, show us you've got some balls and ask her out!; **le echó un par de cojones y saltó desde el avión** "bugger it!" he thought, and jumped out of the plane; **tiene un par de cojones, tiene los cojones bien puestos** *(es valiente)* he's got balls; **tiene más cojones que el caballo de Espartero** o **de Santiago** *Humorous (es valiente)* he's got balls, all right, he has

2 INTERJ *(expresando irritación)* for fuck's sake!; **¡que no te dejo el coche, cojones!** look, I'm not lending you the fucking car, all right!

cojonudo, -a 1 ADJ *(genial)* bloody brilliant; **es un tío cojonudo** he's a bloody great guy; **esta pizza está cojonuda** this pizza's bloody delicious

2 ADV *(genial)* **baila cojonudo** she's a bloody brilliant dancer

3 INTERJ *(expresa alegría)* **conseguí las entradas – ¡cojonudo!** I managed to get the tickets – that's bloody brilliant!; **cojonudo, ¿ahora qué hacemos?** *Irónico (qué horror)* bloody brilliant, what are we supposed to do now?

cola NF *(pene)* willy

colado, -a ADJ *(enamorado)* **está colada por Dani** she's got it bad for Dani

cole NM *(colegio)* school *[traducción neutra]*

colega NMF *(amigo)* mate; **¿qué pasa, colegas?** how's it going, guys o folks?; **no te pases, colega** steady on, pal

colgado, -a 1 ADJ (**a**) *(prendado)* **estar colgado de algo** to be hooked on something; **está colgado de Ana** he's got it bad for Ana

(**b**) *(drogado)* stoned
(**c**) *(pendiente)* **tengo colgado el latín de primero** I haven't passed my first-year Latin course yet *[traducción neutra]*

2 NM,F *(persona sin amigos)* drip

colocado, -a ADJ (**a**) *(por drogas)* **estar colocado** to be high; **íbamos colocados** we were high at the time
(**b**) *(por alcohol)* **estar colocado** to be woozy; **va colocado** he's well gone

colocar 1 VT (**a**) *(por drogas)* **la marihuana me coloca** marijuana gives me a high
(**b**) *(por alcohol)* **el champán me coloca** champagne makes me woozy

2 VI (**a**) *(droga)* **estos canutos sí que colocan** these joints don't half give you a high
(**b**) *(alcohol)* **este champán sí que coloca** this champagne doesn't half make you woozy

3 colocarse VPR (**a**) *(con drogas)* to get high
(**b**) *(con alcohol)* to get woozy; **bebe un vaso de vino y ya se coloca** one glass of wine and she's away

colocón NM (**a**) *(por drogas)* **agarrar un colocón** to get well high; **llevar un colocón** to be well high
(**b**) *(por alcohol)* **agarrar un colocón** to get plastered; **llevar un colocón** to be plastered

comer 1 VT **le comió la polla** *(realizó felación)* she went down on him; **le comió el coño** he went down on her → **coco, tarro, marron**

2 comerse VPR **tu hermana está para comérsela** *(muy atractiva)* your sister's a bit tasty; **hace semanas que no me como nada** *(no ligo)* I haven't had any crumpet for weeks

comercio → **bebercio**

compi NM *(compañero)* mate; **ayer**

conejo

salí con los compis del trabajo I went out with the guys from work yesterday; **hola, compi, ¿te puedo ayudar?** all right, mate, d'you need a hand?

conejo NM *(vagina)* pussy

controlar VI *(saber)* **pregúntale a él, que controla mucho de informática** ask him, he's well into computers

coña NF (a) *(burla)* **estás de coña, ¿no?** you're taking the piss, aren't you?; **no le hagas caso, que está de coña** don't take any notice of her, she's just pissing around; **se lo toma todo a coña** he treats everything like an effing joke; **no pienso ir ni de coña** no effing way am I going; **¿la invitarás? – ¡ni de coña!** are you going to invite her? – not effing likely!
(b) *(pesadez)* **trabajar los domingos es una coña** it's a flipping pain in the butt having to work Sundays
(c) **¡dejad ya de dar la coña!** *(de molestar)* stop being such a pain in the butt!; **lleva un mes dándome la coña con lo del concierto de U2** *(molestando)* he's been banging on at me about the bloody U2 concert for a whole month now

coñazo NM *(pesadez)* pain in the arse; **es un coñazo de película** it's a bloody boring film; **¡qué coñazo de viaje!** the journey was a real shag!; **vino un vendedor a darme el coñazo con unas enciclopedias** *(a molestar)* a salesman came round and started banging on about his bloody encyclopaedias; **¡deja de dar el coñazo!** *(de molestar)* stop being such a pain in the arse!

coño 1 NM (a) *(vagina)* [!!] twat; **estoy hasta el coño de tus mentiras** *(harta)* I've fucking well had it up to here with you and your lies; **porque me sale del coño** *(porque quiero)* because I fucking well feel like it; **¡esta oficina es como el coño de la Bernarda!** it's fucking chaos in this office!; **me toman como el coño de la Bernarda** they treat me like fucking shite; **está en el quinto coño** *(lejos)* it's in the middle of fucking nowhere
(b) *(para enfatizar)* **¿dónde/qué/quién coño...?** where/what/who the fuck ...?; **¿qué coño?, una noticia así hay que celebrarla con champán** what the fuck, news like that deserves to be celebrated with a glass of champagne; **¿qué coño?, aunque sea muy caro lo vamos a comprar** fuck the expense, let's buy it anyway
2 INTERJ (a) *(expresando enfado)* fucking hell!; **¡déjame en paz, coño!** fucking hell, just leave me alone!; **¡coño!, ¿ahora qué le pasa a la tele?** fucking hell, what's wrong with the telly now?
(b) *(expresando sorpresa)* fucking hell!; **¡coño, qué alegría volver a verte!** fucking hell, it's great to see you again! → **comer**

> ⓘ **Coño** is one of the most offensive words in the Spanish language and is always considered to be vulgar. Nevertheless, it is widely used for emphasis and as an interjection, and it is not unusual for it to be said by politicians or businessmen or in front of members of one's own family in these senses. Whilst for sense **1 (a)**, the translation *cunt* might seem to be the obvious choice, in fact **coño** lacks the taboo and sexist connotations often still associated with this English term, and it is much more commonly used by both men and women to refer to the vagina.

copón NM **tengo una sed del**

copón *(mucha)* I'm sodding thirsty; **hace un frío del copón** *(mucho)* it's sodding freezing; **se ha comprado una moto del copón** *(excelente)* that motorbike she's bought herself is flipping brilliant

corbata NM **los tenía de corbata** *(estaba aterrorizado)* he was bricking it → **cojón**

correrse VPR (**a**) *(llegar al orgasmo)* to come
(**b**) *(de gusto)* **cuando le hablan de coches se corre de gusto** he really gets off on talking about cars

cortado, -a ADJ *(tímido)* **no seas cortado y sácala a bailar** don't be such a wimp and ask her to dance; **me quedé muy cortado cuando me presentó a sus padres** I felt dead uncomfortable when she introduced me to her parents

cortar 1 VT *(droga)* to cut
2 VI *(novios)* to split up; **fue ella la que cortó con él** she chucked him
3 **cortarse** VPR (**a**) *(avergonzarse)* **se corta mucho delante de las chicas** he's dead shy with girls; **no te cortes, cómete el último pastel** don't be shy, eat the last cake!; **no se cortó un pelo y le dio un beso** *(no tuvo reparos)* he waded right in there and kissed her; **se desnudó delante de todos sin cortarse un pelo** *(sin inmutarse)* he took off his clothes in front of everyone, cool as you like
(**b**) *(expresiones)* **si se entera mi novia, me la corto** *(me muero)* if my girlfriend finds out, I'm screwed; **como le den el premio a él, me la corto** *(me muero)* I'll bloody well shoot myself if they give him the prize

corte NM (**a**) *(vergüenza)* **me da corte hablar con él** I go all shy when I talk to him; **sírvete lo que quieras, que no te dé corte** help yourself to whatever you like, don't be shy; **da mucho corte cuando te pasan esas cosas** it's dead embarrassing when things like that happen
(**b**) *(réplica)* **le dio** o **pegó un buen corte** she didn't half put him in his place

corto, -a ADJ *(tonto)* thick; **es más corto que las mangas de un chaleco** *Humorous* he's as thick as two (short) planks

cosa NF **me duele la cabeza cosa mala** *(muchísimo)* my head hurts something chronic; **su última película me gustó cosa mala** *(muchísimo)* I didn't half like her latest film; **me da cosa pedirle salir** *(me da reparo)* I'm not too sure about asking her out; **me da cosa darle un beso, ¡es mi primo!** *(me da reparo)* I'd feel a bit weird kissing him, he's my cousin!

costo NM *(hachís)* hash

cotarro NM *(reunión)* **hasta la medianoche no se animó el cotarro** things didn't perk up till midnight; **dirigir** o **manejar** o **mover el cotarro** *(mandar)* to run the show

crudo, -a ADJ *(mal)* **las cosas están muy crudas en estos momentos** things aren't exactly grim at the moment; **si no estudiamos lo vamos a pasar** o **tener crudo para aprobar** if we don't study we're going to struggle to pass; **si cree que voy a aceptar, lo tiene crudo** *(se engaña)* she's in for a nasty surprise if she thinks I'm going to accept

crujir VI **está que cruje** *(es muy guapo)* he's a hottie o fittie

cubata NM *(de ginebra)* gin and Coke [traducción neutra]; *(de ron)* rum and Coke [traducción neutra]

cuelgue NM *(fastidio)* pain in the butt; **¡qué cuelgue si nos tenemos que quedar en casa!** it'll be a real

cuesco

pain in the butt if we have to stay in!; **la fiesta fue un cuelgue total** the party was a total yawn

cuesco NM *(pedo)* guff; **echar** o **tirarse un cuesco** to guff

cuezo NM **meter el cuezo** *(meter la pata)* to put one's foot in it

culo NM (a) *(trasero)* bum; **me caí de culo** I fell flat on my bum (b) *(ano)* bumhole; **le dio por (el) culo** *(le sodomizó)* he gave him one one up the arse; **este ordenador da por (el) culo** *(es malísimo)* this computer's a fucking pain in the arse; **ya estoy cansado de que me den por (el) culo en esta empresa** *(de que me maltraten)* I'm tired of being treated like fucking shit by this company; **¡que le den por (el) culo!** *(que se vaya al infierno)* fuck him!; **lamer el culo a alguien** *(idolatrar)* to lick o kiss somebody's arse; **¡métetelo en el culo!** *(no lo quiero)* you can stick it up your arse!; **me mandó a tomar por (el) culo** *(al infierno)* he told me to fuck off; **¡vete a tomar por (el) culo!** *(al infierno)* fuck off!; **está a tomar por (el) culo** *(lejos)* it's in the middle of bloody nowhere; **el proyecto se ha ido a tomar por (el) culo** *(ha fracasado)* the project's buggered (c) *(expresiones)* **parece que pienses con el culo** *(que seas idiota)* you don't half talk out of your arse; **con su marcha del equipo nos ha dejado con el culo al aire** *(desatendidos)* she's really left us up shit creek without a paddle by leaving the team; **está en el culo del mundo** *(lejos)* it's in the middle of bloody nowhere; **se le hizo el culo pepsicola** *(se excitó mucho)* he creamed his jeans; **nos pusimos hasta el culo de comida** *(nos atiborramos)* we stuffed our bloody faces; **estoy hasta el culo de trabajo** *(tengo mucho)* I've got shitloads of work to do; **ahora voy de culo, llama luego** *(agobiado)* I'm bloody busy at the moment, call me back later; **el equipo va de culo este año** *(muy mal)* the team has been doing crap this year; **con este gobierno, vamos de culo** this government's a bloody disaster; **no es de los que se mojan el culo** *(de los que se comprometen)* that bugger's not one to stick his neck out; **ése, si no hay dinero de por medio, no mueve el culo** *(no hace nada)* if there's no money in it for him, he won't lift a bloody finger; **nos partíamos el culo con los chistes que contaba** *(nos desternillábamos)* we were pissing ourselves at the jokes she was telling; **ha perdido el culo por la vecina** *(está enamorado)* he's got it bloody bad for his neighbour → **tonto**

curda NM *(borrachera)* **coger una curda** to get slaughtered

currante 1 ADJ **es muy currante** she's a dead hard worker; **está muy currante últimamente** he's been working dead hard lately
2 NM *(trabajador)* worker *[traducción neutra]*

currar 1 VT *(pegar)* **unos neonazis le curraron** he got his head kicked in by some neo-Nazis
2 VI *(trabajar)* to work *[traducción neutra]*; **entro a currar a las ocho** I start work at eight *[traducción neutra]*; **curramos muchísimo para acabar a tiempo** we slogged our guts out to finish on time
3 **currarse** VPR *(trabajarse)* **se ha currado muchísimo el ascenso** she's worked dead hard for her promotion; **se curró mucho la victoria** he fought dead hard for his victory

currelar vi *(trabajar)* to work *[traducción neutra]*

curro, currelo NM (**a**) *(empleo)* job *[traducción neutra]*; **anda buscando curro** he's looking for work *o* a job *[traducción neutra]*
(**b**) *(cantidad de trabajo)* work *[traducción neutra]*; **tengo mucho curro para hoy** I've got loads to do today
(**c**) *(lugar de trabajo)* work *[traducción neutra]*; **me llevo bien con los compañeros de curro** I get on well with the folk at work; **hoy tenemos una fiesta en el curro** we're having a party at work today *[traducción neutra]*

cutre ADJ (**a**) *(sucio, sórdido)* grotty; **es un garito muy cutre** it's a real dive
(**b**) *(de mala calidad)* lousy; **se ha comprado un ordenador muy cutre** he's bought a really lousy *o* crummy computer; **el sonido de este disco es muy cutre** the sound on this record's really lousy *o* dodgy; **se ha comprado una moto cutre salchichera** *Humorous (muy mala)* he's bought himself this well naff bike; **el DVD venía en una caja cutre salchichera** *Humorous (muy mala)* the DVD came in this totally mouldy old case

D

dar VI **¡que te den!** *(vete a paseo)* get stuffed!; **¿no quiere ayudarnos? ¡que le den!** *(que se vaya a paseo)* well, if he doesn't want to help us he can get stuffed!

dedo NM **se estaba haciendo un dedo** *(masturbando)* she was having a bit of a diddle

delantera NF *(pechos)* **¡qué delantera tiene!** she hasn't half got big ones!

demasiado, demasié 1 ADJ INV *(genial)* **su último disco es demasiado** her latest record's the biz; **¿os habéis comprado una casa? ¡qué demasiado!** you've bought a house? right on, man! 2 ADV **lo pasamos demasiado** we had an awesome time

depre 1 ADJ *(depresivo)* **es un tipo un poco depre** he tends to get a bit down about things 2 NF *(depresión)* **está con** o **tiene la depre** he's on a downer; **me ha entrado una depre tremenda** I've been on a real downer

derrapar → **neurona**

descarado ADV *(seguro)* **¿me ayudarás? – ¡descarado!** will you help me? – no problemo!; **les van a descubrir, ¡descarado!** they're so going to get found out!; **vas a aprobar, ¡descarado!** you'll pass, no probs

descojonante ADJ *(divertidísimo)* bloody hilarious; **tiene una hermana descojonante** her sister's a bloody scream

descojonarse VPR **(a)** *(reírse)* **se estaba descojonando** she was pissing herself; **yo con tus amigos me descojono (de risa)** your friends are a bloody scream
(b) *(estropearse)* **se ha descojonado la lavadora** the washing machine's buggered

descojono, descojone NM *(cosa divertida)* bloody scream; **esa película es un descojono** that film's a bloody scream

desmadre NM **(a)** *(caos)* **esta oficina es un desmadre** it's flipping chaos in this office; **apareció la policía y se organizó un desmadre increíble** the police turned up and all hell broke loose
(b) *(exceso)* **la fiesta fue un auténtico desmadre** it was one hell of a wild party; **está durmiendo, lleva dos noches de desmadre** he's asleep, he's had a couple of really wild nights

despelotarse VPR *(desnudarse)* **se despelotó delante de todos** he stripped stark bollock naked in front of everyone

despelote → **desmadre**

diarrea NF **¡qué diarrea mental tienes!** *(cómo te lías)* you make everything so bloody complicated!

Dios 1 NM **tu amiga está como Dios** *(guapísima)* your girlfriend's flipping

duro

stunning; **esta tortilla está como Dios** *(muy buena)* this omelette is orgasmic; **en esta playa se está como Dios** *(muy bien)* it's bleeding brilliant on this beach; **no vino ni Dios** *(nadie)* not a single flipping soul turned up; **esta moto no la arregla ni Dios** *(nadie)* there's no flipping way anyone's going to fix this bike; **estaba todo Dios en la fiesta** *(todo el mundo)* the whole world was at the party

2 INTERJ *(para intensificar)* God!; **¡Dios, mira que eres tonto!** God, you're stupid!; **¡Dios, qué frío hace!** God, it's cold! → **cagar**

domingas NFPL *Sexist (pechos)* knockers

drogata NMF *(drogadicto)* druggie

duro, -a ADJ *(erecto)* **la tengo dura** I've got a hard-on; **me la ha puesto dura** she's giving me a hard-on

E

echado, -a NM,F *(lanzado)* **es un echado** he's not one to hold back; **ya verás cómo le pide acostarse con ella, es un echado pa' delante** o **para delante** I bet you he asks her to sleep with him, he's not exactly backward at coming forwards

embolado NM *(lío)* mess; **en menudo embolado nos hemos metido** we've really landed ourselves in it now

empalmado, -a ADJ *(erecto)* **estar empalmado** to have a hard-on

empalmarse VPR *(tener erección)* to get a hard-on; **le cuesta mucho empalmarse** he has trouble getting it up

empanada NF *(confusión)* **lleva una empanada mental de categoría** he's well out of it; **se hace unas empanadas mentales increíbles** *(líos)* he doesn't half get in a pickle about things

empapelar VT *(procesar)* **lo van a empapelar por corrupto** they're going to have him up for fraud; **lo empapelaron por hacer una trampa en la declaración de la renta** he got done for fiddling his tax return; **como nos descubran nos van a empapelar** we've had it if they find out

emporrado, -a ADJ *(drogado)* **estaba muy emporrada** she was doped up to the eyeballs

emporrarse VPR *(drogarse)* to get doped up to the eyeballs

encamarse VPR *(acostarse)* **se encamó con la ex de su mejor amigo** he had it away with his best friend's ex; **está desesperado por encamarse** he's gagging for it

enchironar VT *(encarcelar)* to bang up

encoñarse VPR *(enamorarse)* **se ha encoñado con ella** he's totally fucking in love with her

endiñar VT (**a**) *(tarea, objeto)* **me endiñaron la limpieza del piso** they lumbered me with cleaning the flat; **me han endiñado el gato todo el fin de semana** they've dumped the cat on me for the whole weekend; **me querían endiñar el modelo más caro** they wanted to flog me the most expensive model (**b**) *(golpe)* **me endiñó un puñetazo sin previo aviso** he socked me one without any warning; **como no te calles te voy a endiñar una hostia** if you don't shut up I'm going to bloody well sock you one

enepeí → npi

enrollado, -a ADJ (**a**) **estar enrollado con algo** *(cautivado)* to be into something
(**b**) **estar enrollado con alguien** *(liado)* to have a thing going with somebody
(**c**) **mis padres son muy enrollados** *(muy buenas personas)* my parents are dead cool; **es un tío muy**

enrollado, ya verás como te ayuda he's a really cool guy, he's sure to help you

enrollar 1 vi *(gustar)* **este escritor me enrolla un montón** I think this author's dead cool; **esta música sí que enrolla** this music's dead cool; **tener que madrugar no enrolla nada** it's not exactly a bundle of laughs having to get up early
2 enrollarse vpr **(a)** *(al hablar)* to go on; **hay que ver cómo se enrolla tu madre** your mum doesn't half go on; **se enrolla de mala manera** *(habla mucho)* she doesn't half blah on; **se enrolla más que una persiana** *(habla mucho)* he doesn't half rabbit on
(b) *(portarse bien)* to be cool; **este profesor se enrolla muy bien** this teacher's really cool; **¡pero qué bien te enrollas, tío!** you're a star!; **¡enróllate y déjame veinte euros!** be a star and lend me twenty euros!; **mis padres se enrollan muy mal, no me dejan salir tarde** my parents are so uncool, they never let me stay out late
(c) *(con chico o chica)* **cuando estuvo en Ibiza se enrollaba con una tía diferente cada noche** when he was in Ibiza he got off with a different bird every night; **se enrollaron en la discoteca** they were all over each other at the club; **se estaban enrollando en una esquina** they were standing on a corner, all over each other

estrecho

entalegar vt *(encarcelar)* to bang up

entender vi *(ser homosexual)* to be gay *[traducción neutra]*

entrepierna NF **me lo paso por la entrepierna** *(no me importa)* I couldn't give a crap about it

escoñar 1 vt *(estropear)* **escoñar algo** to arse something
2 escoñarse vpr **(a)** *(estropearse)* **se ha escoñado la lavadora** the washing machine's arsed; **se me ha escoñado el disco duro** my hard disk's arsed
(b) *(darse un golpe)* **el otro día casi me escoño bajando las escaleras** I nearly did myself a bloody mischief coming down the stairs the other day; **me escoñé el tobillo jugando al fútbol** I buggered my ankle playing football

esnifada NF *(de cocaína)* snort; **se metió varias esnifadas de coca** she snorted several lines of coke; **los cogieron metiéndose unas esnifadas de cola** they were caught sniffing glue

esnifar vt *(cocaína)* to snort; *(cola)* to sniff

espid NM *(anfetamina)* speed

estrecho, -a 1 ADJ *(reprimido)* **no seas tan estrecho** don't be such a bleeding prude
2 NM,F *(reprimido)* **eres una estrecha** you're such a bleeding prude!

Exclamaciones — *Exclamations*

Exclamations expressing different emotions form an important part of Spanish slang, and these terms are frequently used in everyday speech.

The exclamation **¡coño!** is one of the most common ways of expressing <u>annoyance.</u> While this expression is undoubtedly vulgar, it is actually not as strong as you might imagine. There are in fact a surprising number of apparently vulgar terms that are commonly used by Spaniards to express annoyance. Thus, **¡coño!** is joined by other common and similarly strong terms such as **¡cojones!**, **¡hostia!**, **¡joder!** and **¡hostia puta!** Another old favourite is the phrase that begins with **¡me cago en...!** and can have a variety of endings, such as: **¡me cago en la leche!**, **¡me cago en la puta!**, **¡me cago en la madre que te parió!** or **¡me cago en tu puta madre!** As you can see, if a Spanish person is angry or annoyed, they don't hesitate to use strong language to give vent to their emotions.

Although Spain is predominantly a Catholic country, nobody bats an eyelid at apparently blasphemous expressions of annoyance such as the extremely common phrases **¡Dios!** and **¡la Virgen!**. However, there are some stronger expressions that may cause offence to religious people, for example **¡me cago en Dios!**

People who prefer not to use relatively vulgar exclamations such as **¡coño!**, **¡hostia!** or **¡joder!** may opt for euphemisms instead: **¡mecachis!** is a euphemistic way of saying **¡me cago ...!**, while **¡ostras!** replaces **¡hostia!**, and **¡jolines!** or **¡jope!** are used instead of **¡joder!**

Many exclamations of annoyance are also used to express <u>surprise</u>. This is true of **¡coño!**, **¡joder!**, **¡hostia!** and **¡hostia puta!**, as well as all their euphemistic forms. There are also various humorous ways of expressing surprise, such as **¡cágate, lorito!** and **¡alucina, Maripili!**

The most common vulgar way of telling somebody to <u>get lost</u> is to say **¡vete a la mierda!** This expression can be extremely offensive in some contexts, although it is often used in a milder way among friends. **¡Vete a tomar por culo!**, **¡que te den!** and **¡anda y que te jodan!** are other common ways of telling someone to make themselves scarce, and these are joined by a variety of humorous expressions such as **¡que te folle un pez!** and **¡cómprate un duro de bosque y piérdete!**

face NM entramos por la face en la disco *(sin pagar)* we got into the disco for nothing; **descárgate juegos para tu móvil por la face** *(sin pagar)* download freebie games for your mobile; **¿no esperarás que te deje el coche por la face?** *(sin nada a cambio)* you don't think I'm going to let you have the car for nothing, do you?

facha 1 ADJ *(reaccionario)* **es muy facha** he's a fascist git
2 NMF *(persona reaccionaria)* fascist git

facu, facul NF *(facultad)* **tengo que ir a la facu** I've got to go in to the uni

fantasma 1 ADJ *(fanfarrón)* **no seas fantasma, tú no conoces a Tom Cruise** you're full of it, you are, you don't really know Tom Cruise
2 NMF *(fanfarrón)* **es un fantasma, siempre va presumiendo de cosas que no ha hecho** he's full of it, he is, he's always boasting about things he hasn't really done

fardada NF *(cosa ostentosa)* **se ha comprado una fardada de casa** she's bought herself one seriously flash house; **ese móvil es una fardada** that mobile phone's well flash

fardar VI **(a)** *(ser distinguido)* **lo que iba a fardar yo si tuviera ese coche** I'd be the coolest guy in town if I had that car; **ese teléfono móvil farda mucho** that mobile phone's well flash

(b) *(presumir)* **va fardando por ahí de que tiene moto** she's been going round mouthing off about having a motorbike

farlopa NF *(cocaína)* ice

farol NM **no te marques** o **te tires un farol, no te acostaste con ella** *(no alardees)* you're full of it, you are, no way have you been to bed with her!

fashion ADJ *(de moda)* hip; **Eva es muy fashion** Eva's a total fashionista

favor NM **tu hermana está para hacerle un favor** *(muy guapa)* I wouldn't mind doing your sister a favour

feto NM *(persona fea)* **ser un feto** *(hombre, mujer)* to be piss-ugly; *(mujer)* to be a dog; **ser un feto malayo** to be as ugly as shit

fiestero, -a NM,F party animal

finde NM *(fin de semana)* weekend *[traducción neutra]*

fijo ADV *(seguro)* **¿vendrás a la fiesta? – ¡fijo!** are you coming to the party? – you bet!; **les van a descubrir, ¡fijo!** they're so going to get found out!; **conduciendo así vas a tener un accidente, fijo** if you keep driving like that it's a dead cert that you're going to have an accident

flipado, -a ADJ *(drogado)* spaced out

flipante ADJ *(genial)* awesome

flipar

flipar VI (**a**) *(sorprenderse)* **flipábamos viendo cómo la policía pegaba a los manifestantes** the way the police were beating the demonstrators left us gobsmacked; **yo flipo con las tonterías que dice** he comes out with some really surreal stuff
(**b**) *(entusiasmarse)* **la veía cocinar y flipaba** watching her cook just blew my mind; **yo con este director flipo** I think that director's awesome; **ya verás cómo flipas con su último disco** believe me, her latest record's going to blow your mind

flipe NM (**a**) *(cosa sorprendente)* **¡qué flipe, ahora todos los niños llevan móviles!** it's totally surreal the way all the kids have mobile phones these days!
(**b**) *(cosa estupenda)* **se ha comprado un flipe de ordenador** she's bought an awesome computer
(**c**) *(persona estupenda)* **el profe de inglés es un flipe** our English teacher's such a cool dude
(**d**) *(por efecto de drogas)* high; **cogí un flipe alucinante con esa maría** I got high as a kite on that pot

flojo, -a ADJ **me la trae floja** *(no me importa)* I couldn't give a toss

flor NF **¿sabes qué hora es? – ni flores** *(ni idea)* do you know what time it is? – I haven't the foggiest; **no tenía ni flores de qué estaba hablando** *(ni idea)* I hadn't the foggiest what he was talking about

follable ADJ *(atractivo)* shaggable

follada NF *(coito)* shag; **se pegaron una follada en el asiento de atrás del coche** they had a shag on the back seat of the car

follado, -a ADJ **voy follado, que tengo que coger el tren de las cinco** *(con prisa)* I'm going to have to shift my arse, I've got to catch the five o'clock train; **el tío en el coche que nos ha adelantado iba follado** *(rápido)* the bloke in the car that overtook us was driving like a bloody maniac

follar 1 VT *(copular con)* to shag; **¡que te folle un pez!** *Humorous (vete a paseo)* stick it up your jumper!
2 VI *(copular)* to shag; **follar con alguien** to shag somebody → **pelo**
3 follarse VPR (**a**) **se la folló** *(se acostó con ella)* he shagged her
(**b**) **se me han follado en física** *(suspendido)* they've gone and failed me at physics, the shits!

forrar VT **le forraron a golpes** *(le pegaron)* they kicked his head in; **como no te calles te voy a forrar a hostias** *(te pegaré)* if you don't shut up I'm going to beat the fucking crap out of you

forro NM **sus consejos me los paso por el forro de los cojones** *(no me importan)* he can stick his advice up his arse!; **se pasa la prohibición de fumar por el forro de los cojones** *(no le importa)* he takes no fucking notice at all of the no-smoking signs

franchute 1 ADJ *(francés)* Frog, Froggy
2 NMF *(francés)* Frog

friki NMF, **friqui** NMF *(persona rara)* freak; **un friki de la Guerra de las Galaxias** a Star Wars freak; **un friki de la informática** a computer geek

frito, -a ADJ (**a**) *(dormido)* **estaba frita en el sofá** she was crashed out on the sofa; **me quedé frito viendo la tele** I nodded off in front of the telly
(**b**) *(muerto)* **se quedó frito en la cama** he popped his clogs in his sleep; **lo dejaron frito a la salida del trabajo** they did him in as he was leaving work
(**c**) *(harto)* **me tienen frito con**

tantas preguntas I've had it up to here with all their questions

fumarse VPR **fumarse una clase** *(no asistir)* to bunk off a class

G

gabacho, -a 1 ADJ *(francés)* Frog, Froggy
2 NM,F *(francés)* Frog

gana NF **es aburrido con ganas** *(muy)* it isn't half boring; **es imbécil con ganas** *(muy)* he isn't half stupid

garbeo NM *(vuelta)* **han ido a dar un garbeo por la plaza** they've gone for a turn round the square

garete NM **el proyecto se ha ido al garete** *(se ha suspendido)* the project has gone down the plughole; **su noviazgo se ha ido al garete** *(ha fracasado)* it's all off between them

garito NM *(bar)* bar *[traducción neutra]*; **estaremos en el garito de siempre** we'll be the same place as usual; **¡qué garito más cutre!** what a dive!

garra NF *(mano)* paw; **¡quítame las garras de encima!** get your filthy mitts off me!

gasofa NF *(gasolina)* juice

gilipollada → **gilipollez**

gilipollas 1 ADJ INV *Insult (imbécil)* **eres gilipollas** you're a dickhead
2 NM INV *Insult (imbécil)* **es un gilipollas** he's a dickhead; **¡gilipollas!** you dickhead!; **¡deja de hacer el gilipollas!** *(enredar)* stop arseing around!

gilipollez NF **(a)** *(estupidez)* **eso que ha dicho es una gilipollez** what he said is a load of crap; **deja de decir gilipolleces** stop talking crap; **ya estoy cansado de todas esas gilipolleces de la new age** I'm fed up with all that New Age crap; **ahora no tengo tiempo para perder en gilipolleces como esa** I can't afford to waste time on stupid crap like that; **no hagas la gilipollez de contarle que te acostaste con ella** don't be so bloody stupid as to tell him you slept with her
(b) *(objeto)* piece of garbage; **tiene la habitación llena de gilipolleces** her room is full of garbage; **me regalaron una gilipollez** they bought me a stupid little present
(c) *(trivialidad)* **discutieron por una gilipollez** they fell out over something really stupid

gilipuertas *Euphemism* *[gilipollas]* **1** ADJ INV *Insult (imbécil)* **no seas gilipuertas** stop being such a plonker
2 NM INV *Insult (imbécil)* **es un gilipuertas** he's a plonker; **¡gilipuertas!** you plonker!

globos NMPL *Sexist (pechos)* melons

goma NF **(a)** *(condón)* rubber
(b) *(hachís)* brown

gorila NM **(a)** *(portero)* bouncer
(b) *(guardaespaldas)* heavy

gorra NF **siempre bebe de gorra** *(sin pagar)* he's always scrounging drinks off people; **entra a la discoteca de gorra** *(sin pagar)* she gets into the club for free *[traducción neutra]*

gorrear → **gorronear**

gorrón, -ona 1 ADJ *(pedigüeño)* **es muy gorrón** he's a real scrounger; **no seas gorrón** stop being such a scrounger
2 NM,F *(pedigüeño)* scrounger

gorronear 1 VT *(pedir)* to scrounge; **siempre me gorronea cigarrillos** she's always scrounging cigarettes off me
2 VI *(pedir)* to scrounge

grifa NF *(marihuana)* ganja

grillado, -a ADJ **está grillado** *(loco)* he's certifiable

grillarse VPR *(enloquecer)* to lose it

guapada NF *(genialidad)* **ser una guapada** to be sick; **me han regalado una guapada de móvil** I got a totally sick new mobile; **¡qué guapada de moto!** that's one sick bike!

guaperas NM INV *(hombre guapo)* **es un guaperas** he's a hunk

guapo, -a ADJ *(estupendo)* neat; **¡qué moto tan guapa!** what a neat bike!; **este videojuego está guapísimo** this computer game is totally sick

guay 1 ADJ (**a**) *(genial)* cool; **esa chaqueta te queda muy guay** you look really cool in that jacket; **es un tío muy guay** he's a really cool bloke; **el tío va de guay, cuando en realidad es un cerdo** he makes out he's a good bloke, but actually he's a real shit; **¡qué guay!, me quedan dos semanas de vacaciones** cool, I've still got two weeks holiday left!; **es una disco guay del Paraguay** *Humorous* that club's the biz → **tope**
(**b**) *(de alto nivel social)* Sloaney; **la gente guay** Sloanes; **vive en un barrio guay de la ciudad** she lives in a Sloaney part of town
2 ADV *(genial)* **lo pasamos guay** we had a really cool time; **me parece guay** it's cool by me
3 INTERJ *(genial)* cool!; **¿qué te parece si vamos al cine? – ¡guay!** what d'you say we go to the cinema? – that'd be cool!

guindar VT *(robar)* **me guindaron el coche** I had my car nicked

guiri 1 ADJ *(extranjero)* foreign *[traducción neutra]*
2 NM *(extranjero)* foreigner *[traducción neutra]*

guita NF *(dinero)* dosh; **gana mucha guita** she earns loads of dosh

gusa NF *(hambre)* **me ha entrado la gusa** I've got the munchies; **tengo mucha gusa** I'm starved

H

haba NF *(pene)* prong → **tonto**

hacer 1 VT **¿lo hiciste con ella?** *(¿te acostaste con ella?)* did you do it with her?
2 hacerse VPR **¿te la hiciste?** *(¿te acostaste con ella?)* did you give her one?

heavy → **jevi**

hetero 1 ADJ *(heterosexual)* hetero, het
2 NMF *(heterosexual)* hetero, het

hierba NF *(marihuana)* grass

hijaputa [!!] NF *Insult (mala persona)* **es una hijaputa** she's a fucking bitch; **¡hijaputa!** you fucking bitch!

hijo, -a NM,F **(a) al final me va a acabar costando más que un hijo tonto** *(muy caro)* it's going to end up costing me an arm and a leg
(b) *(en insultos)* **es un hijo de su madre** *Euphemism [hijo de puta] (mala persona)* he's an s.o.b.; **es una hija de su madre** *Euphemism [hija de puta] (mala persona)* she's a cow; **¡hijo de tu madre!** you s.o.b.!; **¡hija de tu madre!** you old cow!; **es un hijo de perra** *(mala persona)* he's a son of a bitch; **es una hija de perra** *(mala persona)* she's a bloody bitch; **¡hijo de perra!** son of a bitch!; **¡hija de perra!** you bloody bitch!; **es un hijo de puta** *(mala persona)* **[!!]** he's a fucking bastard; **es una hija de puta** *(mala persona)* **[!!]** she's a fucking bitch; **¡hijo de puta!** you fucking bastard!; **¡hija de puta!** you fucking bitch!

ⓘ **Hijo de** followed by a noun is a common way of constructing insults in Spanish. These can range from euphemisms (**hijo de la Gran Bretaña**), through more insulting terms (**hijo de mala madre**), right up to highly offensive expressions (**hijo de perra**). Extra emphasis can be added to some of these insults by adding the words **la gran**: **hijo de la gran puta**.

---

hijoputa [!!] NM *Insult (mala persona)* **es un hijoputa** he's a fucking bastard; **¡hijoputa!** you fucking bastard!

hinchar → **cojón, huevo, narices, pelota**

historia NF **(a)** *(amorosa)* **tiene una historia con un compañero del trabajo** she's got a thing going with someone from work
(b) *(asunto)* **no quiero saber nada de vuestras historias** keep your problems to yourself, I don't want to know about them

hosti INTERJ *Euphemism [hostia] (expresando sorpresa)* **me voy de vacaciones a Brasil – ¡hosti, qué bien!** I'm going to Brazil for my holidays – jeez, that's great!; **¡hosti, no te había reconocido!** jeez, I didn't recognize you!

hostia 1 NF **(a)** *(bofetada)* **cállate o**

hostia

te daré una hostia shut up before I bloody well belt you one; **se dieron de hostias por una tontería** they started beating the crap out of each other over something really stupid → **forrar**

(b) *(colisión)* **se dio** o **metió una hostia con la moto** he had a bloody bad smash-up on his motorbike; **como no vayas más despacio nos vamos a pegar una hostia** slow down or we're going to crash the bloody thing

(c) *(genio)* **tiene muy mala hostia** he's a real shit; **¡qué mala hostia tienes!, ¿por qué le pones la zancadilla?** you little shit, why did you trip her up?; **aquí hay mucha gente con mala hostia** there's a lot of really shitty people round here; **yo no le diría nada ahora, está de muy mala hostia** I wouldn't say anything to her just now, she's in a bloody foul mood; **salí de la reunión de muy mala hostia** I left the meeting in a bloody foul mood

(d) *(expresiones)* **conduce a toda hostia** *(rápidamente)* he drives like a bloody maniac; **tuvimos que acabar la comida a toda hostia** *(rápidamente)* we had to eat up as quickly as we bloody well could; **tenía la radio puesta a toda hostia** *(muy fuerte)* she had the bloody radio on full blast; **vete echando hostias o perderás el tren** *(rápidamente)* you'd better shift your arse or you'll miss the train; **se tuvo que ir cagando hostias para no llegar tarde** *(rápidamente)* she had to shift her fucking arse to get there on time; **¡me cago en la hostia!** *(expresando enfado)* fucking hell!; **¡déjate de hostias y vamos a ponernos a estudiar!** *(deja de perder el tiempo)* stop pissing about and let's get down to some studying!; **¿dónde hostias pusiste la linterna?** *(expresando enfado)* where the bloody hell did you put the torch?; **¡hostia puta!** *(expresando enfado)* Jesus fucking Christ!; **¡me cago en la hostia puta!** *(expresando enfado)* [!!] fucking bollocks!; **no va a haber más hostias que volver andando** *(alternativa)* there's bugger all we can do about it, we're going to have to walk back; **¡no hay hostias que valgan! ¡todos a trabajar!** *(sin excusas)* I'm not interested in your bloody excuses, get to work everyone!; **¡hostias en vinagre, está lloviendo otra vez!** Humorous *(maldita sea)* bloody Nora, it's raining again!; **¿por qué no le pides perdón? – ¡hostias en vinagre!** Humorous *(ni hablar)* why don't you say sorry to her? – stuff that!; **¡la hostia! ¿ahora qué hacemos?** *(expresa estupefacción)* bugger! what are we supposed to do now?; **no entendí ni hostia de lo que me explicó** *(nada)* I didn't understand bugger all of what she told me; **mi jefe es la hostia** *(bueno)* my boss is bloody amazing; *(malo)* my boss is bloody unbelievable; **el final de la película es la hostia** *(sorprendente)* the end of the film is bloody amazing; **es la hostia de caro** *(muy)* it's bloody expensive; **se ha comprado una moto de la hostia** *(impresionante)* he's bought himself a bloody amazing bike; **llevaba un ciego de la hostia** *(impresionante)* he was out of his bloody face; **hace un frío de la hostia** *(impresionante)* it's bloody freezing; **¿por qué no la invitas a ella también? – ¡y una hostia!** *(ni hablar)* why don't you invite her too? – piss off!; **¿qué hostias hace esta caja aquí?** *(expresando enfado)* what the bloody hell is this box doing here?; **¿y ahora qué hostias le pasa?** *(expresando enfado)* what the

hostiar

bloody hell's wrong with her now?; **¡qué concierto ni qué hostias! ¡esta noche no sales!** *(expresando enfado)* you're not going out tonight, concert or no bloody concert!; **con los exámenes y toda la hostia me olvidé de su cumpleaños** *(con toda la distracción)* what with the exams and everything, I forgot about her birthday

2 INTERJ *(expresa enfado, sorpresa)* bloody hell!; **¡cállate, hostia(s)!** just bloody well shut up, will you?; **¡hostia(s), me he vuelto a olvidar de llamarla!** bloody hell, I forgot to call her again!; **hostia(s), ¡qué frío hace!** it's bloody freezing!; **hostia(s), ¿ahora qué excusa le doy a mi novia?** oh shit, what am I going to tell my girlfriend now?

hostiar VT *(pegar)* **nos hostiaron** they beat the crap out of us

hostión, hostiazo NM (**a**) *(colisión)* **se dio un hostión esquiando** he had a bloody bad skiing accident; **se dieron un hostión con el coche** they had a bloody bad smash-up in their car (**b**) *(bofetada)* **como no se calle le voy a dar un hostión** if he doesn't shut up I'm going to bloody brain him

huerto NM **no me importaría llevármelo al huerto** *(acostarme con él)* I wouldn't mind getting into his pants

hueso NM (**a**) *(asignatura)* **el latín de tercero es un hueso** third year Latin's a nightmare to pass (**b**) *(profesor)* **el profesor de bioquímica es un hueso** the biochemistry teacher's dead tough on his students

huevazos 1 NM INV *(persona tranquila)* **es un huevazos, todos esperando a que llegue y aparece una hora tarde** he's so laid-back he's bloody horizontal, there we all were waiting for him to arrive and he turns up an hour late

2 NMPL **huevazos** *(calma)* **¡qué huevazos tiene este conductor!** that driver's got a bloody nerve!

huevo NM (**a**) *(testículo)* **huevos** balls; **¿qué huevos quieres ahora?** *(qué rayos)* bloody hell, what d'you want now?; **se lo han puesto a huevo para conseguir el ascenso** *(fácil)* getting promotion's going to be a doddle for him now; **tienen la medalla a huevo** *(fácil)* the medal's theirs for the taking; **estar hasta los huevos de algo** *(harto)* to be bloody fed up with something; **¡no me hinches los huevos, ya te he dicho que no!** *(no me irrites)* give it a bloody rest, I've already said no!; **lleva dos semanas hinchándome los huevos con que quiere ir a la playa** *(irritándome)* he's been banging on at me about going to the bloody seaside for two whole weeks!; **me duele un huevo la rodilla** *(mucho)* my knee hurts like crap; **sabe un huevo de ordenadores** *(mucho)* she knows a hell of a lot about computers; **me importa un huevo** *(no me importa)* I couldn't give a shit; **no va a haber más huevos que invitarla** *(alternativa)* there's bugger all we can do about it, we're going to have to invite her; **¡manda huevos que nadie me haya ayudado a limpiar la casa!** *(es increíble)* would yofu sodding well believe it, nobody helped me do the housework!; **se le pusieron los huevos de corbata** *(se aterrorizó)* he was shitting bricks; **tenemos que conseguir entradas por huevos** *(de cualquier manera)* we've got to get hold of tickets, whatever it bloody well takes; **no me sale de los huevos** *(no quiero)* I don't bloody well feel like it; **porque**

huevo

me sale de los huevos *(porque quiero)* because I bloody well feel like it; **¡tiene huevos que ahora nos diga que no le apetece!** *(es increíble)* would you sodding well believe it, now she says she doesn't feel like it!; **no me suben el sueldo – ¡tiene huevos la cosa!** *(es increíble)* they're not giving me a pay rise – it's just bloody unbelievable!; **no tiene más huevos que aceptar** *(alternativa)* she's got bugger all choice but to accept; **¡no me toques los huevos!** *(no me provoques)* give me a bloody break!; **se ha pasado el día entero tocándose los huevos** *(vagueando)* he's done bugger all all day; **invítanos – ¡y un huevo!** *(ni hablar)* buy us a round – bollocks to that! → **patada**

(**b**) **huevos** *(valor)* balls; **con huevos** o **échale huevos, tío, ¡pídele salir!** go on, mate, show us you've got some balls and ask her out!; **le echó un par de huevos y le pidió una subida de sueldo al jefe** "bugger it!" he thought, and went and asked the boss for a pay rise; **tiene un par de huevos** *(es valiente)* he's got balls; **tiene más huevos que el caballo de Espartero** o **de Santiago** *Humorous (es valiente)* he's got balls, all right, he has

I

idea → **pajolero, puto, repajolero, zorra**

inflar VT **le inflaron a palos** *(le pegaron)* they bashed his head in; **le infló a hostias** *(le pegó)* he kicked the shit out of him

insti NM *(instituto)* school *[traducción neutra]*

instrumento NM *(pene)* tool

invento NM **se estropeó el invento** *(se fastidió la cosa)* we're up the creek; **se jodió el invento** *(se fastidió la cosa)* we're up shit creek

ir 1 VI **pero tío, ¿de qué vas?, ahí estaba sentado yo** *(expresando indignación)* what are you playing at, pal, that's my seat! → **chutar, culo, follado**
2 irse VPR **(a)** *(eyacular)* to come **(b)** *(pederse)* to let off

Insultos — Insults

The various insults that grace the Spanish language are used with a frequency that may seem shocking to an English speaker, so it is important to know when and how you can use them.

Hijo de puta (*fucking bastard*) is the worst insult in Spanish, but is nevertheless also one of the most widely used. **Hijo de puta** is used of men, and you say **hija de puta** (*fucking bitch*) if you are referring to a woman. Although this expression doesn't have the extreme taboo connotations of the English insult **fucking cunt**, it is still always going to cause considerable offence to the person you say it to and should therefore be used with great care.

There are a number of similar expressions to **hijo de puta** that are not quite as offensive, for example **hijo de tu madre** (*s.o.b.*) and **hijo de perra** (*son of a bitch*).

Other very common insults that are not quite as rude as **hijo de puta** and can be used of both men and women include **cabrón** (*bastard/stupid bitch*) and **borde** (*miserable bastard/bitch*), while **maricón** (*wanker*) is in the same league but is only used of men. Slightly less offensive but equally common is **gilipollas** (*dickhead*), which is one you can use of both the boys and the girls. It can be toned down by opting for the euphemistic term **gilipuertas** (*plonker*) instead.

With certain insults it is possible to add **de mierda** (*fucking*) on the end to lend extra emphasis. Thus, **cabrón** becomes **cabrón de mierda** (*fucking bastard*), and **gilipollas** becomes **gilipollas de mierda** (*fucking dickhead*). It is also fairly common for certain widely used insults to have a number of variations: **cabronazo** (*turd*) is derived from **cabrón**, while **mariconazo** (*tosser*) comes from **maricón**.

Unlike in English, when you insult somebody to their face in Spanish you don't preface the insult with anything that corresponds to the word **you** – you simply say the insult on its own: **¡cabrón!** (*you bastard!*), **¡maricón!** (*you wanker!*), **¡hijo de puta!** (*you fucking bastard!*).

Finally, one of the most common and colourful ways of insulting someone in Spanish is to use the phrase **me cago en tu...** (literally *I shit on your...*) followed by various alternatives such as: **¡me cago en tu (puta) madre/la madre que te parió/tus muertos/tu sombra!** This expression will always cause offence to the person it is aimed at, and should therefore be used with care.

J

jaco NM *(heroína)* scag

jalar, jamar 1 VI *(comer)* to chow down; **tendrías que ver cómo jalan sus amigos** her friends don't half put it away
2 jalarse VPR *(comerse)* **en este bar se jala de vicio** the grub in this bar's wicked; **se jalaron un pollo entero entre los dos** they put away a whole chicken between the two of them

jamona ADJ *(mujer)* **está jamona** she's got plenty of meat on her; **le gustan las mujeres jamonas** he likes a woman with plenty of meat on her

jarcor ADJ *(extremo)* hardcore

jeta 1 NF **(a)** *(cara)* face *[traducción neutra]*; **no pongas esa jeta** there's no need to look like that!
(b) *(caradura)* **tiene mucha jeta** she's got a flipping cheek; **tuvo la jeta de decir que nadie le había ayudado** he had the cheek to say that nobody had helped him; **tiene una jeta que se la pisa** *Humorous* she's a right cheeky little sod, she is; **le echa mucho jeta a todo** he's got no flipping shame at all; **liga mucho porque le echa mucha jeta** he's always getting off with people, he just wades right in there; **¿quiere que le deje un millón así, por la jeta?** and he thinks I'm going to give him a million just for the hell of it?; **entraron al concierto por la jeta porque conocían a un guardia de seguridad** they knew a security guard who managed to slip them into the concert without paying *[traducción neutra]*; **se presentó en la fiesta por la jeta** she gatecrashed the party
2 NMF *(persona)* cheeky little sod; **tus amigos son unos jetas** your friends have got a flipping cheek; **no seas jeta y ponte en la cola como los demás** you get in the queue like everyone else, you cheeky little sod

jevi ADJ **(a)** *(duro)* rough; **es muy jevi que ahora la deje después de lo que ha hecho por él** it's pretty rough on her that he's leaving her after everything she's done for him; **le han castigado sin salir los fines de semana durante dos meses – ¡qué jevi!** he's been grounded at weekends for two months – wow, that's a painful one!
(b) *(impresionante)* **es una película jevi total** it's one way-out film

jiñar 1 VI *(defecar)* to have a dump
2 jiñarse VPR **(a)** *(defecar)* to crap oneself; **me estoy jiñando, ¿dónde está el baño?** I'm dying for a crap, where's the bathroom?; **me estaba jiñando de miedo** *(estaba pasando miedo)* I was pissing my pants
(b) *(para intensificar)* **este queso está que te jiñas** *(buenísimo)* shit, this cheese is good!; **hace un frío que te jiñas** *(muchísimo)* shit, it's cold!

joder 1 VT **(a)** *(molestar)* to piss off; **me jodió mucho que no me lo**

joder

contaras I was really pissed off that you didn't tell me; **lo que más me jode es que me lo digan ahora** what really pisses me off is the fact that they're telling me now; **me han vuelto a joder, tengo que trabajar este fin de semana** they've been pissing me around again, I've got to work this weekend; **Aitana está embarazada – ¿no me jodas?** Aitana's pregnant – bloody hell, you're joking?; **¿no me jodas que nos hemos quedado sin leche?** bloody hell, we're not out of milk, are we?; **¿no te jode? dicen que no pueden subirme el sueldo** can you bloody believe it? they say they can't give me a pay rise → **marrana**
(**b**) (*malograr*) **en la mili lo jodieron vivo** life was a fucking nightmare for him while he was doing his military service
(**c**) (*estropear*) to fuck; **vas a joder la tele** you're going to fuck the telly; **los niños me jodieron las vacaciones** the kids fucked up my holidays; **ahora sí que la hemos jodido** we're really fucked now
(**d**) (*suspender*) **me han jodido la física** the bastards have gone and failed me at physics
(**e**) (*cobrar*) **me jodieron treinta euros por entrar en la disco** they charged me thirty fucking euros to get into the club
2 VI (**a**) (*molestar*) **lo dijo por joder** he just said it to be a bastard; **deja ya de joder con la musiquita** give that fucking music a rest!; **me han despedido – ¿no jodas?** I've been sacked – no shit?; **¿no jodas que no lo sabías?** bloody hell, you mean you didn't know?
(**b**) (*copular*) to fuck; **joder con alguien** to fuck somebody
3 joderse VPR (**a**) (*aguantarse*) **si no quiere ir, que se joda** if she doesn't want to come, that's her fucking problem; **si no te gusta, te jodes, es lo único que hay** if you don't like it, too fucking bad, it's all there is; **nos tendremos que joder y ver el partido por televisión** too fucking bad, we'll just have to watch the match on TV; **¡hay que joderse! ahora dice que está muy cansado** can you fucking believe it, now he says he's too tired!; **se estropeó la tele – ¡a joderse (tocan)!** the telly's broken – what a fucking bummer!; *Humorous* **no me queda dinero para el fin de semana – pues ya sabes, a joderte y aguantarte** I'm out of cash for the weekend – that's too fucking bad, isn't it?; *Humorous* **¡jódete y baila!, nos han prohibido utilizar Internet en el trabajo** the fucking buggers have only gone and banned us from using the Net at work
(**b**) (*estropearse*) **se ha jodido la impresora** the printer's fucked; **se jodió el cuello haciendo yoga** she fucked her neck doing yoga; **si viene ella, se jodió la fiesta** if she turns up the whole party's fucked
(**c**) (*expresiones*) **¿no me vas a ayudar? – ¡anda y que te jodan!** (*vete a paseo*) aren't you going to help me? – fuck right off!
4 INTERJ (*expresando enfado, sorpresa, admiración*) **¡cállate ya, joder!** for fuck's sake, shut up!; **joder, ¿y yo qué quieres que le haga?** bloody hell, what am I supposed to do about it?; **joder, haberlo dicho antes** fucking hell, you could have said so beforehand!; **joder, ¡qué aburrido es este profesor!** Christ, this teacher's bloody boring!; **joder, ¡qué daño me he hecho!** Christ, that hurt like shit!; **joder, ¡qué calor hace!** Christ, it's bloody hot!; **joder, no se me ocurre qué regalarle** bloody hell, I just can't think what to give her → **invento**

jodido

ⓘ Although dictionaries invariably describe **joder** as a vulgar term, it is in fact so widely used in everyday speech that in many contexts it is barely considered to be rude at all. This is especially true when **joder** is used to express general admiration or surprise in exclamations that are aimed at no-one in particular. Hence, in phrases such as **joder, qué frío hace**, or **joder, qué despistado soy**, it is much milder in register than non-native speakers might imagine. Consequently, the seemingly obvious translations *fuck* or *fucking* are in fact inappropriately strong for these contexts. Nevertheless, when **joder** is used to express anger or in an exclamation that is directed at a specific person (e.g. **joder, cállate ya**), it remains offensive.

jodido, -a ADJ (**a**) *(difícil)* fucking difficult; **fue un examen muy jodido** it was a fucking difficult exam, it was a fucker of an exam; **tiene una letra muy jodida** her handwriting's fucking unreadable; **encontrar trabajo está muy jodido** it's fucking difficult finding work; **las pasamos jodidas para encontrar alojamiento** it was a fucking nightmare finding accommodation (**b**) *(físicamente)* **tengo la rodilla jodida** my knee's fucked; **anda muy jodido de la espalda** his back's been giving him fucking loads of gyp (**c**) *(moralmente)* fucked up; **la muerte de su madre le ha dejado muy jodido** he's been totally fucking out of it since his mum died (**d**) *(estropeado)* fucked; **tengo jodida la impresora** my printer's fucked (**e**) *(despreciable)* **el muy jodido va y le cuenta a todo el mundo el secreto** the bloody bastard went and told everybody the secret; **¿y ahora qué quiere el tío jodido éste?** what does the stupid bastard want now?; **no seas jodido y préstame el dinero** stop being such a bastard and just lend me the money (**f**) *(maldito)* shagging; **este jodido ordenador no quiere funcionar** this shagging computer just won't work properly

jodienda NF *(fastidio)* **estar sin agua es una jodienda** it's a shag not having any water

jodo INTERJ *Euphemism* [joder] *(expresando asombro, enfado)* flipping heck!; **¡jodo, eso se dice antes!** flipping heck, you could have said that beforehand!

julandrón NM *Homophobic (homosexual)* arse bandit

jurar VT *Humorous* **¡te lo juro por la cobertura de mi móvil!** Brownie's honour!

ⓘ Mobile phones play such an important role in the lives of **pijos** (*trendy bourgeois brats*) that they have come to be used in the expression **¡te lo juro por la cobertura de mi móvil!** (literally: *I swear by the reception on my mobile phone*). This expression has come to replace: **¡te lo juro por Snoopy!** (literally: *I swear by Snoopy*), which also used to be a big favourite with **pijos**.

K

kiki → quiqui

L

lameculos NMF INV *(adulador)* arse-licker

lapo NM *(escupitajo)* **había un lapo enorme en la acera** there was a great big gob of spit on the pavement; **echó un lapo al suelo** he gobbed on the ground

largar 1 VT *(contar)* **larga todo lo que sepas** I want to hear everything you know; **le he preguntado pero no quiere largar nada** I asked her, but she won't let on what she knows **2** VI *(hablar)* to yack

lata NF (**a**) *(aburrimiento)* yawn; **la conferencia fue una lata** the conference was a yawn; **¡qué lata de película!** this film's a total yawn! (**b**) *(fastidio)* pain; **es una lata que no tengas correo electrónico** it's a pain you not having e-mail; **deja de dar la lata** *(de molestar)* stop being such a pain; **lleva días dando la lata con que quiere comprarse una moto** *(insistiendo)* he's been going on about buying a motorbike for days now; **¿por qué no te vas a dar la lata con la música a otra parte?** *(a molestar)* why don't you go and play your stupid bleeding music somewhere else for a change?

leche 1 NF (**a**) *(semen)* cum (**b**) *(bofetada)* **cállate o te daré una leche** shut up before I bloody well belt you one; **se dieron de leches por una tontería** they started beating the crap out of each other over something really stupid (**c**) *(colisión)* **se dio** o **metió una leche con la moto** he had a bloody bad smash-up on his motorbike; **como no vayas más despacio nos vamos a pegar una leche** slow down or we're going to crash the bloody thing
(**d**) *(genio)* **tiene muy mala leche** he's a real shit; **¡qué mala leche tienes!, ¿por qué no la has invitado?** you little shit! why didn't you invite her?; **no le molestes ahora, que está de muy mala leche** don't disturb him now, he's in a bloody filthy mood; **vengo de una mala leche... no me van a subir el sueldo** I'm well pissed off... they're not going to give me a pay rise
(**e**) *(expresiones)* **conduce a toda leche** *(rápidamente)* she drives like a bloody maniac; **tuvimos que acabar la comida a toda leche** *(rápidamente)* we had to gulp the meal down as quickly as we bloody well could; **me tengo que ir echando leches o perderé el tren** *(rápidamente)* I'm going to have to shift my arse or I'll miss the train; **tuve que ir cagando leches para no llegar tarde** *(rápidamente)* I had to shift my fucking arse to get there on time; **¡me cago en la leche!** *(expresando enfado)* fucking hell!; **¡me cago en la leche puta!** *(expresando enfado)* **[!!]** fucking bollocks!; **¿dónde leches se ha metido el gato?** *(expresando enfado)* where the bloody hell

has the cat got to?; **mi jefe es la leche** *(bueno)* my boss is bloody amazing; *(malo)* my boss is bloody unbelievable; **el final del partido fue la leche** *(sorprendente)* the end of the game was bloody amazing; **es la leche de caro** *(muy)* it's bloody expensive; **se ha comprado una casa de la leche** *(impresionante)* he's bought himself a bloody amazing house; **llevaba un pedo de la leche** *(impresionante)* he was out of his bloody face; **déjame tu moto – ¡y una leche!** *(ni hablar)* can I borrow your bike? – piss off!; **¿qué leches hace esta caja aquí?** *(expresando enfado)* what the bloody hell is this box doing here?; **¿y ahora qué leches le pasa?** *(expresando enfado)* what the bloody hell's wrong with her now?; **¡qué concierto ni qué leches! ¡esta noche no sales!** *(expresando enfado)* you're not going out tonight, concert or no bloody concert!

2 INTERJ *(expresa enfado)* bugger (it)!; **cállate, leche(s)!** just bloody well shut up, will you?; **¡leche(s), me he vuelto a olvidar de llamarla!** bugger (it), I forgot to call her again!

lefa NF *(semen)* spunk

legal ADJ *(de confianza)* **es un tío muy legal** he's a good man; **va de legal por la vida pero a la mínima te traiciona** he makes out he's a good mate, but he'd shop you at the drop of a hat

leñazo NM (**a**) *(bofetada)* **le dio un leñazo en la cabeza con un bate de béisbol** he clobbered him round the head with a baseball bat; **se liaron a leñazos por una tontería** they started beating the hell out of each other over nothing
(**b**) *(colisión)* **se dieron** *o* **metieron un leñazo contra un camión** they were in a smash-up with a lorry; **se dio** *o* **metió un leñazo esquiando** he had a dead nasty skiing accident

lesbi 1 ADJ *(lesbiana)* lesbian *[traducción neutra]*
2 NF *(lesbiana)* gay woman; **conoce a muchas lesbis** he knows a lot of gay women

levantar 1 VT *(robar)* to nick; **le levantaron la cartera en el metro** he had his wallet nicked in the underground; **¿quién me ha levantado el boli?** who's nicked my pen?
2 levantarse VPR **no se le levanta** *(pene)* he can't get it up

ligar 1 VI *(amorosamente)* **ligar con alguien** to pick somebody up; **estaba en la barra ligando con una rubia** he was chatting up some blonde at the bar; **hace tiempo que no liga** he hasn't pulled for ages; **¿qué tal anoche, ligaste?** did you pull last night, then?; **hoy vamos a salir a ligar** we're going out on the pull tonight
2 ligarse VPR **se ligó a un sueco guapísimo** she picked up a gorgeous Swede

ligue NM (**a**) *(persona)* **llegó con su último ligue** she arrived with her latest man
(**b**) *(relación)* **tener un ligue con alguien** to have a fling with somebody

litrona NF *(botella)* litre bottle of beer *[traducción neutra]*

loca NF *(homosexual)* queen

loro NM (**a**) *(radiocasete)* radio cassette player *[traducción neutra]*
(**b**) *(expresiones)* **hay que estar muy al loro para que no te timen** *(atento)* you've really got to watch out in case they con you; **¡al loro, que viene el jefe!** *(¡alerta!)* watch it, the boss is coming!; **¡al loro, me han regalado entradas para el**

lote

concierto! *(¡atención!)* get this, I got given some tickets for the concert!; **tú estate al loro y avisa si viene alguien** *(vigila)* you keep your eyes peeled and let us know if anyone's coming; **pregúntale a ella, que está muy al loro de lo de los conciertos** *(enterada)* ask her, she's well up on what concerts are on; **no estás al loro, tío, esa música ya no se lleva** *(enterado)* you're so out of it, man, didn't you know that music's not cool any more?

lote NM **estaban dándose** o **pegándose el lote en el sofá** *(acariciándose)* they were all over each other on the sofa

M

macanudo, -a ADJ *(genial)* ace

macarra 1 ADJ (**a**) *(bravucón)* yobbish; **un grupo de rock muy macarra** a yobbish rock group; **¡qué macarra eres! ¿para qué lo insultas?** you're such a yobbo, what did you have to go and insult him for?
(**b**) *(vulgar)* **lleva una ropa muy macarra** he dresses like a yobbo
2 NM *(bravucón)* bruiser

machaca NM *(trabajador)* **trabaja de machaca en un supermercado** he works stacking shelves in a supermarket

machacar 1 VT *(derrotar)* to stuff
2 machacarse VPR (**a**) **se machacó a estudiar** *(se extenuó)* she knackered herself studying
(**b**) **se la estaba machacando** *(se estaba masturbando)* he was beating his meat; **por mí, como si te la machacas** *(no me importa)* I couldn't give a bugger

macho INTERJ *(amigo)* **¡macho, qué suerte has tenido!** you lucky sod!; **¡déjame en paz, macho!** Jesus, man, can't you leave me alone!; **macho, ¿qué quieres que te diga?** what can I say, my friend?

macizo, -a ADJ **está macizo** *(atractivo)* he's a hunk; **está maciza** *(atractiva)* she's a bit of all right; **¡maciza!** *Sexist (como piropo)* phwoar!

madera NF **la madera** *(policía)* the pigs

madero NM *(agente)* pig

madre NF **es lo más tonto/listo que ha parido madre** *(muy)* he's as stupid/clever as they come; **¡está para hacerla madre!** *Sexist (atractiva)* I wouldn't mind doing her a favour!; **¡la madre que lo parió!** *(expresa indignación)* the fucking bastard!; **¡la madre que te parió!** *(expresa indignación)* you fucking bastard!; **¡viva la madre que te parió!** *(expresa admiración)* you're the flipping greatest!; **invitamos a tres pero vinieron ciento y la madre** *(muchísimos)* we only invited three people, but a whole bunch of folk turned up; **¡mi madre, me han robado la cartera!** *(expresa sorpresa)* Christ, my wallet's been stolen!; **la fiesta se salió de madre** *(fue un exceso)* things got well out of hand at the party → **cagar, puta**

magrear 1 VT *(manosear)* to grope; **me intentó magrear** he tried to get his filthy paws on me
2 magrearse VPR *(manosearse)* **se magreaban en la última fila del cine** they were having a grope in the back row of the cinema

magreo NM *(manoseo)* **se estaban metiendo un buen magreo** they were having a good grope

majara ADJ *(loco)* **estar majara** to be barking (mad)

mamada NF *(felación)* blow job; **le hizo una mamada** she gave him a blow job

mamado

mamado, -a ADJ (**a**) *(fácil)* dead easy; **el examen estuvo mamado** the exam was a doddle (**b**) *(borracho)* **estaba** o **iba mamado** I was steaming

mamar 1 VT *(hacer felación)* **la mama muy bien** she gives great head; **¿por qué no la mamas?** go on, give us a blow job
2 VI *(beber)* to booze
3 mamarse VPR (**a**) *(beberse)* **se mamó una botella de vodka** she knocked back a whole bottle of vodka
(**b**) **dijo que por treinta euros se la mamaba** *(hacía felación)* she said she'd give him a blow job for thirty euros

mamón, -ona 1 ADJ *Insult (estúpido)* **¡qué mamón eres!** you're such a cretin!
2 NM,F *Insult (estúpido)* cretin; **¡mamón!** you cretin!

manazas 1 ADJ INV *(torpe)* **¡qué manazas eres!** you're such a clumsy bugger!
2 NMF INV *(torpe)* clumsy bugger; **eres un manazas** you're such a clumsy bugger!

mandanga NF *(hachís)* blow

mandar → **cojón, huevo, mierda**

mangante NMF *(ladronzuelo)* thief [traducción neutra]

mangar VT *(robar)* to nick; **le mangaron la cartera en el metro** he had his wallet nicked in the underground; **¿quién me ha mangado el boli?** who's nicked my pen?

mango NM *(pene)* chopper

mani, manifa NF *(manifestación)* demo

manitas 1 NMF INV *(habilidoso)* **es un manitas** he's very handy
2 NFPL **estaban haciendo manitas** *(novios)* they were playing with each other's hands

mano NF **me intentó meter mano** *(toquetear)* he tried to get his filthy paws on me; **se estaban metiendo mano en el sofá** *(toqueteándose)* they were having a bit of a grope on the sofa; **tiene manos de árbol** o **cazo** o **mantequilla** *(es torpe)* he's a butterfingers

manta 1 ADJ *(inútil)* **¡qué manta eres!** you're such a waste of space!
2 NMF *(inútil)* waste of space; **¿no sabes mandar un SMS? ¡eres un manta!** what? you can't even send a text message? you're such a loser!

marcha NF *(diversión)* **en esta fiesta hay muy poca marcha** this party's a bit dead; **la discoteca con más marcha de este pueblo** the club where all the action's at in this town; **es una ciudad con mucha marcha nocturna** it's a city with a great night life; **una de las zonas de marcha de la capital** one of the places to go for a good night out in the capital; **salir** o **irse de marcha** to go out on the town; **estuvimos de marcha toda la noche** we were out on the town all night; **le va mucho la marcha** *(le gusta divertirse)* he likes having a good time; *(es masoquista)* he's a sucker for punishment; **mis padres tienen mucha marcha** *(son activos)* my parents love having a good time

marchoso, -a 1 ADJ *(activo)* **es muy marchoso** he loves having a good time; **aquí ponen una música muy marchosa** they play really groovy music here; **hoy me encuentro marchoso, vámonos de juerga** I'm feeling really up for it today, let's go out on the town
2 NM,F *(activo)* **es una marchosa** she loves having a good time

maría NF *(marihuana)* pot

marica *Homophobic* **1** ADJ *(homosexual)* **es marica** he's queer **2** NM *(homosexual)* queer; **un bar de maricas** a bar for queers

maricón 1 ADJ (**a**) *Homophobic (homosexual)* **es maricón** he's a poof o poofter
(**b**) *Insult (imbécil)* **no seas maricón** stop being such a wanker
2 NM (**a**) *Homophobic (homosexual)* poof, poofter
(**b**) *Insult (imbécil)* wanker; **¡maricón!** you wanker!; **¡vamos a la piscina! ¡maricón el último!** the last one into the pool's a poof!

mariconada NF (**a**) *Homophobic (típico de homosexuales)* **esa camisa es una mariconada** you look like a poof in that shirt; **esa música es una mariconada** that music's for poofs
(**b**) *(faena)* **me han hecho una mariconada, trabajo este domingo** the little shits are making me work on Sunday
(**c**) *(tontería)* **tiene el cuarto lleno de mariconadas** her room's full of stupid crap; **déjate de mariconadas y vámonos** stop arsing around and let's go; **discutieron por una mariconada** they fell out over something bloody stupid

mariconazo NM (**a**) *Homophobic (homosexual)* screaming queen
(**b**) *Insult (imbécil)* tosser; **¡mariconazo!** you tosser!

mariliendres NF INV *(mujer que sale con gays)* fag hag

mariposón NM *Homophobic (homosexual)* fairy

mariquita NM *Homophobic (homosexual)* pansy

maromo NM (**a**) *(hombre)* geezer
(**b**) *(novio)* man

marrana NF **deja de joder la marrana** *(de fastidiar)* stop being such a right royal pain in the butt; **¡se jodió la marrana!** *(se fastidió el asunto)* we're up shit creek without a paddle!

marrón NM (**a**) *(faena)* **¡eh, a mí no me endiñéis el marrón!** hey, you can't just lumber me with it!; **¡qué marrón, tengo que repetir todo el trabajo que hice ayer!** buggeration, I'm going to have to redo all the work I did yesterday!; **me cayó el marrón de** o **tuve que comer el marrón de cuidar de sus gatos** I got lumbered with looking after their cats
(**b**) *(castigo)* **le metieron un marrón por dormirse en la guardia** he got a rollicking for falling asleep on guard duty

masoca 1 ADJ *(masoquista)* **es masoca** he's a sucker for punishment **2** NMF *(masoquista)* **es un masoca** he's a sucker for punishment

mazo 1 NM *(mucho)* **ese pendiente que lleva en el ombligo mola un mazo** that's one well def ring she's got in her navel; **había un mazo de turistas** it was tourist city; **estoy mazo de nervioso/liado** *(muy)* I'm dead nervous/busy; **me quedé mazo de emocionada** *(muy)* I was like so moved; **una tía mazo de buena** *(muy)* a totally fit bird
2 ADV *(mucho)* **esa cazadora mola mazo** that's one well def jacket; **flipa mazo que nos haya invitado a la fiesta** it was well sound of her to invite us to the party; **me moló mazo tu regalo** your present was way cool

meada NF **echar una meada** *(orinar)* to have a slash; **tengo que echar una meada** I need a slash

meadero NM *(urinario)* bog

mear 1 VI *(orinar)* to piss; **tengo**

mecha

ganas de mear I need a piss **2** VT *(orinar)* to piss **3 mearse** VPR (**a**) *(orinar)* to piss oneself; **me estoy meando** I'm dying for a piss
(**b**) *(desternillarse)* to piss oneself; **yo me meo (de risa) con sus chistes** her jokes make me piss myself (laughing); **es una comedia de mearse (de risa)** that comedy's a flipping scream
(**c**) *(regatear)* **se meó a todos los defensas** he skinned the entire defence

mecha NF **iba a toda mecha cuando ocurrió el accidente** *(muy rápido)* he was really bombing along when the accident happened; **con ADSL me descargo los vídeos a toda mecha** *(muy rápido)* having broadband means I can download videos dead fast

melonada NF *(tontería)* **eso que dijo es una melonada** what she said's a load of (old) bollards; **no sé cómo puedes decir tantas melonadas** you don't half talk a load of (old) bollards

melones NMPL *Sexist (pechos)* jugs

menearse VPR (**a**) **se la estaba meneando** *(se estaba masturbando)* he was having one off the wrist
(**b**) **me la menea** *(me da igual)* I couldn't give a crap
(**c**) **tiene una casa de no te menees** *(impresionante)* her house is to die for; **me dio un susto de no te menees** *(impresionante)* she gave me one hell of a fright; **es un imbécil de no te menees** *(muy)* he's a blinking idiot

mensaka NMF *(mensajero)* courier [traducción neutra]

meódromo NM *(urinario)* bog

meter 1 VT (**a**) **hace tiempo que no la meto en caliente** *(copulo)* it's been a while since I got my end away
(**b**) **conducía a todo meter** *(rapidísimo)* she was bombing along; **puso la radio a todo meter** *(muy fuerte)* he put the radio on full blast
2 VI *(copular)* **hace tiempo que no meto** I haven't had any for ages
3 meterse VPR (**a**) *(droga)* to do; **hace tiempo que se mete heroína** he's been doing heroin for quite a while
(**b**) **¡métetelo (por) donde te quepa!** *(expresando enfado)* stick it where the sun don't shine!; **¡métetelo por el culo!** *(expresando enfado)* stick it up your arse!

mierda 1 NF (**a**) *(excremento)* shit; **pisé una mierda de perro** I trod in a dog shit; **déjame la moto – ¡y una mierda!** *(ni hablar)* can I borrow your bike? – you must be fucking joking!; **nos ha tocado la lotería – ¡y una mierda!** *(no me lo creo)* we've won the lottery – like shit!; **¡mentiste! – ¡y una mierda!** *(no mentí)* you lied! – did I shit!; **¡a la mierda con la dieta!** *(al infierno)* fuck the diet!; **¡vete a la mierda!** *(al infierno)* piss off!; **como me vuelva a molestar lo voy a mandar a la mierda** *(al infierno)* if he bothers me again I'm just going to tell him to piss off; **te has cubierto de mierda** *(te has lucido)* you've really fucked up now!; **¡imbécil de mierda!** *(para intensificar)* you fucking idiot!; **¿y ahora qué quiere este niño de mierda?** *(para intensificar)* what does the fucking little brat want now?; **estoy harto de esta ciudad de mierda** *(para intensificar)* I'm fed up of this fucking city; **el gimnasio me ha dejado hecho una mierda** *(agotado)* I'm totally shagged out from working out down the gym; **la marcha de su novia lo dejó hecho una mierda** *(destrozado)* he was bloody gutted when his girlfriend left him; **me importa una mierda lo**

molar

que piense *(nada)* I couldn't give a fuck what she thinks; **¿sabes lo que han dicho de ti? – me importa una mierda** *(nada)* do you know what they said about you? – I couldn't give a fuck; **nuestros planes se han ido a la mierda** *(han fracasado)* our plans are buggered; **esta impresora no vale una mierda** *(es malísima)* this printer's a load of shit
(**b**) *(suciedad)* shit; **la habitación estaba llena de mierda** the room was bloody filthy
(**c**) *(cosa sin valor)* **ser una mierda** to be shit; *Humorous* **ser una mierda pinchada en un palo** to be a pile of old shite
(**d**) *(borrachera)* **agarrar** *o* **coger** *o* **pillar una mierda** to get shitfaced; **llevo una mierda que no me tengo** I'm pissed out of my tiny head
(**e**) *(hachís)* blow
2 NMF *(mala persona)* **eres una mierda** you're a piece of shit!
3 INTERJ *(expresa enojo)* shit!

minga NF *(pene)* dong

mismísimos NMPL **estoy hasta los mismísimos de sus preguntas/ideas** *Euphemism* [**hasta los mismísimos cojones**] *(harto)* I've had it up to here with him and his questions/ideas

misto NM **¡si no te vas echando mistos te voy a dar una hostia!** *(rápidamente)* get your butt out of here before I sock you one!; **iba por la autopista echando mistos** *(muy rápido)* he was wanging it down the motorway

moco NM (**a**) *(borrachera)* **coger un moco** to get ratted
(**b**) **se está tirando el moco, nunca ha estado en Mongolia** *(está fanfarroneando)* he's just shooting his mouth off, he's never really been to Mongolia; **no te tires el moco, no te has acostado con ella** *(no fanfarronees)* who are you trying to kid? no way have you been to bed with her!
(**c**) **¡cómete un moco!** *(vete a paseo)* naff off!

modear VT **modear algo** *(personalizar, mejorar)* to pimp something up

mogollón 1 NM *(gran cantidad)* **había un mogollón de cerveza** there was loads of beer; **tengo mogollón de trabajo** I've got loads of work; **la entrada cuesta un mogollón de pelas** the tickets cost a flipping fortune; **entraron a la disco en mogollón** *(en grupo)* they all piled into the club
2 ADV *(mucho)* **la película/el libro me gustó mogollón** I thought the film/book was really cool; **la quiero mogollón** I love her a hell of a lot; **sabe mogollón de informática** she knows a hell of a lot about computers; **la entrada cuesta mogollón** the tickets cost a flipping fortune

mojar 1 VT **¿mojaste el churro** *o* **el bizcocho?** *(¿copulaste?)* did you dip your wick?
2 VI **¿mojaste?** *(¿copulaste?)* did you get your leg over?

molar 1 VI (**a**) *(gustar)* **me molan sus gafas de sol** I think his sunglasses are dead cool; **a mi novia le mola el bakalao** my girlfriend's well into techno; **mola mucho saber árabe** knowing Arabic's just such a cool thing; **ese móvil mola cantidad** that mobile's so cool; **¿te molaría ir a la playa este fin de semana?** would you be into going to the seaside this weekend?; **lo que mola ahora es Internet** the Internet's where it's at the moment; **esa película no mola nada** that film's absolutely chronic; **sus amigos no molan** I'm not a big

molón

fan of her friends → **pegote**
(**b**) *(presumir)* **no veas lo que vamos a molar con este coche** we're going to look so cool in this car → **mazo, pegote**
2 INTERJ **¡mola!** cool!

molón, -ona ADJ *(bonito)* neat; **¡qué coche más molón tienes!** that's one neat motor you've got there!; **lo más molón de todo es que nos pagan el viaje** the neatest thing about it is they pay our travel

monada NF **¡de eso nada, monada!** *(ni hablar)* no way, José!

montarse VPR (**a**) **montárselo** *(arreglárselas)* **móntatelo como quieras, pero quiero el informe mañana** I don't care how you do it, but I want the report for tomorrow; **no sé cómo se lo monta, pero siempre le invitan a comer** I don't know how he does it, but he always seems to get people to pay for his meal; **se lo monta muy mal con los estudios** he's a disaster when it comes to studying; **nos lo hemos montado muy mal, teníamos que haber reservado primero** we've really messed up, we should have booked
(**b**) **se lo monta con una compañera de clase** *(tiene una relación)* he's got a thing going with a girl in his class

moña NF *(borrachera)* **coger** o **agarrar una moña** to get hammered; **llevaba una moña increíble** she was totally hammered

moñas **1** ADJ *(cursi)* mushy
2 NMF INV *(cursi)* **ser un moñas** to be totally mushy

moral NF **ya me está tocando la moral con tanto hablar de su subida de sueldo** *(hartar)* she's really getting on my wick going on about her pay rise all the time like that; **que no me venga a tocar la moral otra vez con lo de que tiene mucho trabajo** *(enfadar)* I could do without him going on about how much work he has

morcilla NF **¡que le den morcilla!** *(al infierno)* he can get stuffed!; **¡que te den morcilla!** *(al infierno)* get stuffed!

moro, -a *Racist* **1** ADJ *(árabe)* Ayrab
2 NMF *(árabe)* Ayrab

morrearse VPR *(besarse)* to have a big slobbery snog

morreo NM **se estaban dando un buen morreo** *(besos)* they were having a big slobbery snog

morro NM (**a**) *(labio)* lip *[traducción neutra]*; **le di un golpe en los morros** I smacked him in the gob; **como no te calles te voy a partir los morros** shut up or I'll smash your face in
(**b**) *(caradura)* **tiene mucho morro** she's a shameless little so-and-so; **tuvo el morro de decir que lo había hecho él solo** he had the nerve to say that he'd done it on his own; *Humorous* **tiene un morro que se lo pisa** you wouldn't believe what a shameless little so-and-so she is; **le echa mucho morro a todo** he's got no flipping shame at all; **si quieres que alguna de ellas baile contigo vas a tener que echarle un poco de morro** if you want one of them to dance with you you're going to have to wade right in there; **¿quiere que le deje un millón así, por el morro?** and he thinks I'm going to give him a million just for the hell of it?; **entraron al concierto por el morro porque conocían a un guardia de seguridad** they knew a security guard who managed to slip them into the concert without paying *[traducción neutra]*; **se**

presentó en la fiesta por el morro she gatecrashed the party

mosqueado, -a ADJ (**a**) *(enfadado)* **estar mosqueado (con alguien)** to be in a huff (with somebody); **te veo muy mosqueado, ¿qué te pasa?** you look in a real huff, what's up?
(**b**) *(inquieto)* **estoy mosqueado porque no me ha llamado todavía** I think it's a bit odd that he hasn't phoned me yet

mosquear 1 VT (**a**) *(enfadar)* **ese ruidito me está empezando a mosquear** that stupid noise is starting to bug me; **lo que más me mosquea es que no lo hayan consultado conmigo primero** what really bugs me is that they didn't ask me first
(**b**) *(inquietar)* **me mosquea que no ha llamado todavía** it's a bit odd that he hasn't phoned yet
2 mosquearse VPR *(enfadarse)* **no te mosquees, que lo decía en broma** there's no need to get in a huff, I was only joking; **se mosqueó con su novio por una tontería** she got in a huff with her boyfriend over something really stupid

mosqueo NM *(enfado)* **lleva un mosqueo increíble por lo de la fiesta** she's in a real huff about the party; **cogió un mosqueo de no te menees cuando la vio bailar con otro** he threw a major wobbly when he saw her dancing with another man

motero, -a NM,F *(motociclista)* biker

movida NF (**a**) *(follón)* **¿os habéis enterado de la movida que se organizó en la universidad?** did you hear about the stuff that went down at the university?; **no quiero saber nada de vuestras movidas** I don't want anything to do with all that stuff you get up to
(**b**) *(ambiente)* **esta ciudad tiene mucha movida** this is a dead lively city; **está muy metido en la movida ecologista** he's really into the whole environmentalist thing

muerdo NM (**a**) *(beso)* snog; **se estaban dando muerdos en una esquina** they were snogging on a street corner
(**b**) *(mordisco)* nibble; **dale un muerdo, ya verás qué rico está** it's delicious, have a nibble and see

muermo NM (**a**) *(aburrimiento)* snore, yawn; **¡qué muermo de película!, ¡esta película es un muermo!** this film's a snore *o* yawn!
(**b**) *(persona aburrida)* snore; **tus primos son unos muermos** your cousins are a snore *o* yawn
(**c**) *(somnolencia)* **por las tardes me entra un muermo increíble** I get dead drowsy in the afternoon

muerte NF **en este bar se está de muerte** *(genial)* this bar's evil; **baila de muerte** *(genial)* she's one evil dancer

muerto NM *(trabajo desagradable)* **me tocó el muerto de limpiar tras la fiesta** I got lumbered with cleaning up after the party; **¡eh, a mí no me carguéis con ese muerto!** hey, don't try and lumber me with that! → **cagar**

N

nabo NM *(pene)* plonker

napias NFPL *(nariz)* conk

narices NFPL **otra vez la musiquilla de las narices** *(maldita)* they've put that bleeding music on again; **tenemos que acabar este informe de las narices hoy** *(maldito)* we've got to get this bleeding report finished today; **aquí se está de narices** *(genial)* it's flipping great here!; **tengo un dolor de muelas de tres pares de narices** Humorous *(enorme)* I've got the mother of all toothaches; **estoy hasta las narices de su risita** *(harto)* I've had it up to here with her stupid little laugh; **no va a haber más narices que madrugar** *(alternativa)* there's naff all we can do about it, we're just going to have to get up early; **no me hinches las narices, ya te he dicho que no** *(no me irrites)* give it a rest, I've already said no!; **ahora te lo vas a comer por narices, no haberlo pedido** *(a la fuerza)* now you're going to eat it whether you bleeding well like it or not, you shouldn't have ordered it in the first place; **¿y ahora qué narices quieres?** *(¿qué rayos?)* what in hell's name do you want now?; **¡qué tráfico ni qué narices, que llegue puntual!** *(expresando enfado)* traffic or no bleeding traffic, he'd better get here on time!; **tiene narices que nadie se haya ofrecido a ayudarme** *(es increíble)* it's just bleeding incredible that no-one offered to help me!; **no me toques las narices, ya te he dicho que no** *(no me irrites)* give it a rest, I've already said no!; **se ha pasado el día entero tocándose las narices** *(vagueando)* he's done zilch all day

nasti PRON **nasti (de plasti)** *(nada)* zilcho; **¿ves algo desde ahí? – nasti (de plasti)** can you see anything from over there? – not a sausage; **no he comido nasti (de plasti)** I've had zilcho to eat

negado, -a 1 ADJ *(inútil)* flipping hopeless; **es muy negada para la cocina** she's flipping hopeless at cooking
2 NM,F *(inútil)* **es un negado para los idiomas** he's flipping hopeless at languages; **no le pidas ayuda al negado de tu hermano** don't ask your brother for help, he's a waste of space

negrata Racist NMF *(negro)* wog

nena NF Sexist *(apelativo)* babe

neurona NF **le derrapan** o **patinan las neuronas** Humorous *(está loco)* he's totally loop-the-loop

notas NM INV **(a)** *(hombre)* dude **(b)** *(persona que llama la atención)* poser

npi ADV Euphemism *[ni puta idea]* **¿quién es esa? – npi** who's she? – I haven't got a scoobie

Nombres propios — Proper nouns

Spanish has lots of slang expressions that contain proper nouns or names. These names are usually included because they rhyme with the rest of the phrase, and are similar to English expressions like **no way, José**. For example, the expression **la cagaste, Burt Lancaster** has nothing at all to do with the famous actor, his name is used simply because it rhymes with **la cagaste**.

The use of proper nouns in slang expressions lends a humorous touch to the phrase in question. The following are some of the most widely used expressions of this type:

alucina, Maripili *(blimey, O'Reilly)*

This is just a more emphatic and humorous way of saying **alucina** *(get this!)*. The phrase is used to express surprise or to introduce a statement that you think will cause other people to be surprised. Remember that **Maripili** does not refer to a specific real person. Thus, in the sentence **Alucina, Maripili, Eva se va a casar** *(Blimey, O'Reilly, Eva's getting married)*, **Eva** refers to a real person, but **Maripili** doesn't.

echa el freno, Madaleno *(steady on!)*

This expression is used to ask someone to slow down or not to get carried away: **Echa el freno, Madaleno, te ha sonreído, eso no quiere decir que quiera salir contigo.** *(Steady on, mate, just cos she smiled at you, that doesn't mean she wants to go out with you.)*

en fin, Serafín

This is a good way of expressing resignation: **En fin, Serafín, que me he quedado sin vacaciones.** *(Anyway, the short and long of it is I've ended up not having any holidays.)*

que no te enteras, Contreras *(doh!)*

You use this phrase to let someone know that they are doing something wrong: **Que no te enteras, Contreras, primero aprietas la tecla ON, luego el botón EJECT.** *(Doh, you're supposed to press the ON button first and then hit EJECT.)*

la cagaste, Burt Lancaster *(you're in deep doo-doo)*

If someone says this to you, it's because you've done something wrong or you're in trouble: **La cagaste, Burt Lancaster, tu madre se ha enterado de que no aprobaste el examen.** *(You're in deep doo-doo now your mum's found out you failed the exam.)*

no te enrolles, Charles Boyer *(stop rabbiting on)*

This is what you say to your friends when they won't shut up: **No te enrolles, Charles Boyer, cuéntame lo que pasó, pero ahórrame los detalles.** *(Stop rabbiting on, just tell me what happened but spare me the gory details.)*

qué risa, María Luisa *(arf, arf!)*

You say this when you think something is funny, or when you don't think it's funny but want to be sarcastic: **España va a ganar el Mundial - ¡qué risa, María Luisa!** *(Spain are going to win the World Cup – Arf, arf.)*

ñaca ñaca NM **hacían ñaca ñaca**
Humorous (hacían el amor) they were humping

O

ojete NM *(ano)* arsehole

oler → **tostada**

olla NF **ese tío está mal de la olla** *(está loco)* that bloke's off his nut; **¡cómo te vas de la olla!** *(qué tonterías)* have you gone funny in the head?

onda NF **estar en la onda** *(estar al tanto)* to be in the know

operarse VPR **no te va a invitar – por mí, como si se opera** *(no me importa)* she isn't going to invite you – I couldn't give a rat's arse what she does

ordenata NM *(ordenador)* 'puter → **bocata**

ovarios NMPL **estoy hasta los ovarios de su risita** *(harta)* I've shagging well had it up to here with him and his stupid little laugh; **no me sale de los ovarios** *(no quiero)* I don't shagging well feel like it; **porque me sale de los ovarios** *(porque quiero)* because I shagging well feel like it; **tiene un par de ovarios** *(es valiente)* she's got balls

P

pachorra NF *(lentitud)* **los funcionarios siempre se toman las cosas con mucha pachorra** civil servants never seem to be in a hurry to get anything done; **¡qué pachorra tiene!** he's so laid-back he's almost horizontal!

pagano, -a NM,F *(persona que paga)* **ya estoy cansado de ser yo siempre el pagano** I'm fed up of being the stupid mug who always ends up paying

paja NF *(masturbación)* wank; **se estaba haciendo una paja** he was having a wank; **está todo el día encerrado en su habitación, matándose a pajas** *(masturbándose en exceso)* he spends all day shut away in his room wanking himself raw; **¡qué pajas mentales se hace mi compañero!** *(cómo se lía)* my colleague makes everything so bloody complicated!; **no te hagas pajas mentales** *(no elucubres)* stop pissing around

pájaro NM *(persona)* **¡menudo pájaro es ese!** I wouldn't trust him as far as I could throw him!

pajolero, -a ADJ *(para enfatizar)* **no tengo ni pajolera idea** I haven't got a sodding clue; **¿a que no sabes a quién me encontré ayer? – ni pajolera idea** bet you can't guess who I met yesterday – I haven't got the faintest sodding idea

pala → **punta**

palada NF **había cerveza a paladas** *(mucha)* there was loads of beer; **han vendido discos a paladas** *(muchos)* they've sold shedloads of records; **tiene dinero a paladas** *(muchísimo)* she's totally loaded

paleta NMF *(albañil)* brickie

palique NM **siempre están de palique en clase** *(hablando)* they're always yacking away in class; **se pasaron toda la tarde de palique** *(hablando)* they spent the whole afternoon yacking

paliza NF **deja de dar la paliza** *(de molestar)* stop being such a pain; **lleva días dando la paliza con que quiere comprarse una moto** *(insistiendo)* he's been going on about buying a motorbike for days now; **¿por qué no te vas a dar la paliza con la música a otra parte?** *(a molestar)* why don't you go and play your stupid bleeding music somewhere else for a change?

palizas NMF INV **ser un palizas** *(un pesado)* to be a pain

palmar **1** VT **la palmó** *(murió)* she snuffed it; **la palmó en un accidente de coche** he copped it in a car crash
2 VI *(morir)* to snuff it

palo NM **(a)** *(trauma)* **la muerte de sus padres fue un palo muy fuerte para él** he had a really rough time of it when his parents died; **qué palo, le ha dejado su novia** the

poor bugger's girlfriend's gone and left him
(b) *(pesadez)* drag; **¡qué palo, me toca trabajar este fin de semana!** what a drag, I've got to work this weekend!; **esta asignatura es un palo** this subject's a real drag
(c) *(expresiones)* **me da palo pedirle más dinero** *(vergüenza)* I'd feel like a right lemon asking him for more money; **tú pide langosta, que ya verás qué palo te meten** *(cuánto cuesta)* all right, order the lobster then, but don't be surprised when they charge you an arm and a leg for it

pánico NM **está de pánico** *(guapísimo)* he's drop-dead gorgeous; **en esta playa se está de pánico** *(genial)* this beach is the biz

pantacas NMPL *(pantalones)* trousers *[traducción neutra]*

papa NF **(a)** **¿sabes dónde guarda el whisky? – ni papa** *(ni idea)* do you know where he keeps the whisky? – I haven't the foggiest; **no entendí ni papa de lo que explicó** *(nada)* I didn't understand zilch of what he said; **no tiene ni papa de informática** *(ni idea)* she doesn't know zilch about computers
(b) **eché la papa** *(vomité)* I heaved my guts up

papear 1 VT *(comer)* to eat *[traducción neutra]*; **en este restaurante se papea muy bien** the grub's great in this restaurant
2 VI *(comer)* to eat *[traducción neutra]*; **tengo ganas de papear** I could use some grub; **tendrías que ver cómo papea** he doesn't half like his grub
3 papearse VPR **¿quién se ha papeado mi bocata?** *(comido)* who scoffed my sarnie?

papela NF **(a)** *(DNI)* ID card *[traducción neutra]*
(b) *(de droga)* wrap

papelina NF *(de droga)* wrap

papeo NM *(comida)* grub; **¿hay algo bueno de papeo?** is there any decent grub going?

papilla NF **echó la (primera) papilla** *(vomitó)* he spewed his guts up

paquete NM **(a)** *(genitales)* packet, lunchbox; **esos pantalones marcan paquete** *(se ve abultamiento)* those trousers really show off your packet o lunchbox
(b) *(castigo)* **le metieron un paquete por exceso de velocidad/por llegar tarde** he got done for speeding/for turning up late
(c) *(inútil)* **ser un paquete** to be a waste of space

par → **cojón, huevo, ovario, pelota**

pardillo, -a 1 ADJ *(ingenuo)* **no seas pardillo** don't be such a chump
2 NM,F *(ingenuo)* chump

parida NF *(tontería)* **eso que dijo es una parida** what she said's a load of (old) garbage; **deja de hacer paridas** stop mucking about; **no hace más que soltar paridas** he doesn't half talk a load of (old) garbage; **¡menuda parida mental!** what a complete load of bollards!

parienta NF **la parienta** *(mujer)* the missus; *(novia)* my bird

parir VI **la puso a parir** *(criticó)* he slagged her off → **madre**

partirse VPR *(reírse)* to crack up; **yo con él me parto** he cracks me up

pasada NF **esa peli es una pasada** *(excelente)* that film's something else; **se ha comprado una pasada de coche** *(excelente)* that car he's bought is something else; **fue una pasada que le metieran un paquete por llegar cinco minutos tarde** *(exageración)* it was well rough

pasar

on him to get done for turning up five minutes late; **ese móvil es una pasada de chulo** *(excelente)* that mobile's dead neat; **hace una pasada de frío** *(mucho)* it's dead cold; **¿todavía no te han subido el sueldo? ¡qué pasada!** *(increíble)* they still haven't given you a pay rise? it's flipping unbelievable!

pasar 1 VI (a) *(despreocuparse)* **a mí no me metas en eso, que yo paso del tema** don't try and get me involved, I don't want anything to do with it; **mi hermano pasa de todo** my brother couldn't give a damn about anything; **mis amigos pasan de política** my friends couldn't give a damn about politics; **¡pasa de mí, tío!** get off my case, pal!
(b) **¿(qué) pasa contigo, tío?** *(¿cómo estás?)* how's it hanging, man?

2 **pasarse** VPR *(excederse)* to go too far; **te has pasado, tío, ¿por qué le insultas?** that was going a bit far, mate, what d'you have to go and insult her for?; **eh, no te pases que yo no te he faltado** whoa, steady on mate, I wasn't insulting you; **el electricista se ha pasado con la factura** the electrician's bill was a bit steep; **te has pasado tres** *o* **cinco** *o* **varios pueblos** Humorous *(mucho)* that was well OTT → **entrepierna, forro, jodido**

pasma NF **la pasma** *(la policía)* the pigs

pasota 1 ADJ *(despreocupado)* **¿cómo puedes ser tan pasota?** how can you be so damn indifferent about everything?; **está muy pasota últimamente** recently it seems like he couldn't give a damn about anything

2 NMF *(despreocupado)* **es un pasota** he couldn't give a damn about anything

pasote NM **¡qué pasote, ha suspendido a toda la clase!** *(barbaridad)* get this, she's only gone and failed the whole class!; **fue un pasote de fiesta** *(genialidad)* it was a wicked party

pasta NF *(dinero)* dosh; **gana una pasta (gansa)** she earns a packet; **costará una pasta (gansa)** it'll cost a packet

pastillero, -a 1 ADJ *(adicto)* **tú y tus amigos pastilleros** you and your E-head mates
2 NM,F *(adicto)* **es un pastillero** he's an E-head

pastón NM **gana un pastón** *(mucho dinero)* she earns an absolute packet; **vale un pastón** *(mucho dinero)* it costs an absolute packet

pata NF (a) **tuvimos que ir a pata** *(a pie)* we had to walk there *[traducción neutra]*; **¿no habréis venido a pata?** *(a pie)* you didn't walk here, did you? *[traducción neutra]* → **chulo**
(b) **el marisco estaba pasado, y tuve una colitis que me iba por la pata de abajo** *(no paraba de defecar)* the seafood was off and I got the squits; **comí en unos restaurantes que te cagas por la pata de abajo** *(excelentes)* the restaurants I went to were the mutt's nuts; **se cagó por la pata de abajo cuando entró el jefe** *(se murió de miedo)* he was shitting bricks when the boss came in

patada NF **le cayó** *o* **sentó como una patada en los huevos que no la invitaras** *(muy mal)* she was flipping bummed out about you not inviting her; **tu comentario le cayó** *o* **sentó como una patada en los cojones** *(muy mal)* he was fucking bummed out about what you said; **me da cien patadas que esté todo el día sentado sin hacer nada** *(me* *irrita*) I get really browned off seeing him sit around doing nothing all day; **eso lo arreglo yo en dos patadas** (*rápidamente*) I'll have that sorted before you know it

patatero, -a ADJ (*malo*) crummy; **me hicieron un regalo patatero** they got me a really crummy present; **habla inglés con un acento muy patatero** she's speaks English with a pretty chronic accent

patilla NF (**a**) (*caradura*) ¿**le has vuelto a pedir el coche? ¡menuda patilla!** what, you asked him if you could borrow his car again? you're such a chancer!; **tu hermano tiene mucha patilla, siempre me está gorreando el tabaco** your brother's a total chancer, he's always scrounging fags off me; **encima de que no me arregló el ordenador, me quería cobrar 100 euros por la patilla** (*sin nada a cambio*) not only did he not fix my computer, the bloody chancer even tried to charge me 100 euros; **entraron a la discoteca por la patilla porque conocían a un portero** (*sin pagar*) they wangled their way into the club for free cos they knew the bloke on the door; **me descargué su último disco por la patilla** (*sin pagar*) I nicked his latest record off the Internet; **se presentó en la fiesta por la patilla** (*sin ser invitado*) he crashed the party
(**b**) **tengo ir al baño, que me voy por la patilla** (*tengo ganas de defecar*) I need the loo, I've got the squits; **me voy por la patilla de los nervios** (*tengo ganas de defecar*) I'm so nervous I've got the squits

patinar → **neurona**

pechugona 1 ADJ (*mujer*) **es muy pechugona** she's got big ones
2 NF (*mujer*) **es una pechugona** she's got big ones

pelota

pedal NM (*borrachera*) **agarrar** o **coger un pedal** to get paralytic; **llevaba un pedal encima que no se tenía** she was totally paralytic

pedo 1 ADJ INV (*borracho*) **estar pedo** to be pissed
2 NM (**a**) (*borrachera*) **agarrar** o **coger un pedo** to get pissed; **llevaba un pedo increíble** he was totally pissed
(**b**) **¡vete al pedo!** (*a paseo*) bog off!

pedorro, -a NM,F *Insult* fartface

pegote NM **me moló un pegote tu regalo** (*me gustó mucho*) your present was way cool; **no te tires el pegote, no te acostaste con ella** (*no exageres*) you're full of it, you are, no way have you been to bed with her!

pelarse VPR **se la estaba pelando** (*se estaba masturbando*) he was banging the bishop

pellas NFPL **hacer pellas** (*no ir a clase*) to bunk off

pelo NM **follar a pelo** (*sin condón*) to fuck bareback

pelota 1 NF (**a**) **pelotas** (*testículos*) balls; **me dio una patada en las pelotas** she kicked me in the balls; **estar en pelotas** (*desnudo*) to be starkers; **allí estaba ella, en pelota picada** *Humorous* (*desnuda*) there she was in her birthday suit; **nos bañamos en pelotas** we went skinny-dipping; **me pillas en pelotas, tío, no sé dónde lo dejé** (*desprevenido*) you've got me there, mate, I've no idea where I left it; **el profesor nos pilló en pelotas con el examen** (*desprevenidos*) the teacher caught us on the flipping hop setting us that exam; **estar hasta las pelotas de algo** (*harto*) to be bloody fed up with something; **¡no me hinches las pelotas, ya te he dicho que no!** (*no me irrites*) give it a bloody rest, I've

59

peluco

already said no!; **lleva dos semanas hinchándome las pelotas con que quiere ir a la playa** *(irritándome)* he's been banging on at me about going to the bloody seaside for two whole weeks!; **me lo va a devolver por pelotas** *(a la fuerza)* she's going to give it back to me whether she bloody well wants to or not; **no me sale de las pelotas** *(no quiero)* I don't bloody well feel like it; **porque me sale de las pelotas** *(porque quiero)* because I bloody well feel like it; **¡no me toques las pelotas!** *(no me provoques)* give me a bloody break!; **se ha pasado el día entero tocándose las pelotas** *(vagueando)* he's done bugger all all day
(b) **pelotas** *(valor)* balls; **le echó un par de pelotas y le pidió una subida de sueldo al jefe** "sod it!" he thought, and went and asked the boss for a pay rise
(c) **siempre le está haciendo la pelota** *(adulándole)* he's always sucking up to her
2 NMF *(persona)* creep

peluco NM *(reloj)* watch *[traducción neutra]*

pencar VI *(trabajar)* to work *[traducción neutra]*

pendulón, -ona ADJ **me la trae pendulona** *(no me importa)* I couldn't give a rat's arse

peña NF (a) *(de amigos)* **se fue de vacaciones con la peña** she went on holiday with her mates; **está en el bar con toda la peña** *(hombres)* he's down the bar with the lads
(b) *(gente)* folk; **vino mucha peña** loads of folk came

peñazo NM *(aburrimiento)* **fue un peñazo de película** it was a yawn of a film; **es un peñazo de tío** he's such a pain in the backside; **¡deja de dar el peñazo!** stop being such a pain in the backside!

pera NF (a) **peras** *(tetas)* knockers
(b) **tu hermano/este ordenador es la pera** *(increíble)* your brother/this computer is something else

personal NM *(gente)* folk; **querría dar las gracias al personal por su ayuda** I'd like to thank the guys for all their help; **el personal aquí no se entera de nada** the folk here haven't got a clue

pesca NF **dame un rato, que me tengo que vestir y toda la pesca** *(el resto de cosas)* give me a while, I need to get dressed and everything; **vino mi hermana y toda la pesca** *(sus amigas)* my sister came with all the usual crowd in tow

pescar VT *(descubrir)* to catch; **los pescaron intentando robar una bici** they were caught trying to steal a bike

pestiño NM *(aburrimiento)* **el libro es un pestiño** that book's a total turn-off

peta NM *(cigarrillo de marihuana o hachís)* bifta, spliff; **hacerse** o **liarse un peta** to skin up a bifta

petado, -a ADJ (a) *(estropeado)* **el servidor debe estar petado** the server must have packed up
(b) *(abarrotado)* **el centro estaba petado de gente** town was heaving; **estoy petado de trabajo** *(tengo mucho)* I'm totally snowed under with work

petar 1 VI *(estropearse)* to pack it in; **ha petado el disco duro** the hard drive's packed up
2 petarse VPR *(estropearse)* to pack it in; **se ha petado el disco duro** the hard drive's packed up; **se me ha petado el móvil** my mobile's died on me

petardo 1 ADJ *(pesado)* **¡qué petarda eres!** you're such a boring old fart!

2 NMF *(pesado)* **es un petardo** he's a boring old fart
3 NM *(cigarrillo de marihuana o hachís)* reefer

piba NF *(chica)* lass

pibón NM *(chica)* babe

picadero NM (**a**) *(para encuentros amorosos)* love nest
(**b**) *(de drogadictos)* shooting gallery

picarse VPR (**a**) *(drogarse)* to shoot up; **sus amigos se pican** her friends are junkies; **se estaba picando heroína** she was shooting up heroin
(**b**) *(enfadarse)* to get in a strop; **no te piques, que es sólo un juego** there's no need to get in a strop, it's just a game

picha NF *(pene)* knob; **se hizo la picha un lío** *Humorous (se lió)* he got in a right bloody tangle

picoleto NM *(Guardia Civil)* **nos pararon dos picoletos** we were stopped by a couple of Guardia Civil pigs

piedra NF (**a**) *(de hachís)* lump of hash
(**b**) **se la pasó por la piedra** *Sexist (se acostó con ella)* he banged her

pija NF *(pene)* tadger

pijada NF (**a**) *(dicho)* **deja de decir pijadas** stop talking bull
(**b**) *(objeto)* **tiene el piso lleno de pijadas** her flat's full of tat; **no te gastes mucho, cómprale una pijada** I wouldn't spend a lot of money, just buy her some stupid little present or other
(**c**) *(cosa insignificante)* **discutieron por una pijada** they fell out over something really daft

pijo, -a 1 ADJ *(cursi)* **su hermano es muy pijo** her brother's a trendy little bourgeois brat; **lleva ropa pija** she dresses like a trendy little bourgeois brat; **vive en un barrio pijo** he lives in an area full of trendy bourgeois gits
2 NM,F *(persona)* trendy little bourgeois brat
3 NM **me importa un pijo** *(nada)* I couldn't give a monkey's; **no pude dormir un pijo** *(nada)* I didn't sleep a wink

ⓘ **Pijo** is a concept which has no exact equivalent in English although it does share some similarities with the term *Sloane Ranger*. The typical **pijo** is between fifteen and twenty-five years of age, and comes from a well-to-do family. Appearances are very important for **pijos**. They wear designer clothes, are always immaculately turned-out, and the boys like to use gel on their hair. They are often to be found listening to middle-of-the-road music or driving the moped that their parents have bought them for not failing all their exams. They are easily identifiable by their characteristically affected speech, which is punctuated by frequent occurrences of the expression **o sea**. Their views tend to be conservative and they have little interest in the problems of the rest of society, with the result that many people regard them with contempt.

pila NF **si quieres aprobar tendrás que ponerte las pilas** *(espabilarte)* if you want to pass you'll have to get your act together; **si queremos acabar el proyecto a tiempo nos vamos a tener que poner las pilas** *(espabilarnos)* if we want to finish the project on time we'll have to get a shift on

piltra NF **irse a la piltra** *(a dormir)* to hit the hay

pinrel NM *(pie)* foot *[traducción neutra]*

pinza

pinza NF **se me fue la pinza y comencé a insultarle** *(enloquecí)* I went off on one and started insulting him; **¿los Rollings el mejor grupo de rock? ¡a ti se te va la pinza!** *(estás loco)* what? you reckon the Stones are the best rock band of all time? have you totally lost the plot or something?; **a veces a mi móvil se le va la pinza y no consigo hacer ninguna llamada** *(se vuelve loco)* sometimes my mobile throws a wobbler and I can't make any calls

piña NF, **piñazo** NM *(golpe)* smash-up; **se dio una piña con la moto** he pranged his motorbike

piño NM *(diente)* tooth *[traducción neutra]*

pique NM **(a)** *(enfado)* strop; **no se le ha pasado el pique con su hermana** he's still in a strop with his sister
(b) *(rivalidad)* **hay mucho pique entre los dos equipos** there's a lot of needle between the two teams

pirado, -a 1 ADJ *(loco)* bonkers
2 NM,F *(loco)* nutter

pirarse VPR *(marcharse)* **yo me las piro, que estoy cansado** I'm out of here, I'm tired; **vamos a pirárnoslas, que viene el jefe** we'd better leg it, the boss is coming; **¿nos las piramos?** shall we hit the road?; **se las piró a media tarde** he buggered off halfway through the afternoon

piro NM **yo me doy el piro, que estoy cansado** I'm out of here, I'm tired; **vamos a darnos el piro, que viene el jefe** we'd better leg it, the boss is coming; **¿nos damos el piro?** shall we hit the road?

pisto NM **tirarse el pisto** *(fanfarronear)* to mouth off; **va por ahí tirándose el pisto de que su novia es top model** he goes around mouthing off about how his girlfriend's a supermodel

piti NM *(cigarrillo)* ciggie

pito NM **(a)** *(pene)* tadger
(b) *(cigarrillo)* fag

plan NM *(ligue)* date *[traducción neutra]*; **salieron en busca de plan** they went out on the pull

planchar VT **no grites, que Juan está planchando la oreja** *Humorous (está durmiendo)* don't shout, Juan's getting his beauty sleep; **me voy a planchar la oreja, estoy agotado** *Humorous (a dormir)* I'm exhausted, I'm going off to get my beauty sleep

plasta 1 ADJ *(pesado)* **ser muy plasta** to be a real pain in the neck
2 NMF *(pesado)* **es un plasta** he's a pain in the neck

plegar VI *(acabar trabajo)* to knock off

polaco, -a 1 ADJ *Racist (catalán)* **nuestros colegas polacos** our bloody Catalan colleagues
2 NM,F *Racist (catalán)* Catalan bastard; **¡eh, tú, polaco, ven aquí!** oi, come over 'ere, you Catalan twat!

polla NF *(pene)* dick; **este coche es la polla** *(increíble)* this car's fucking unbelievable; **es la polla en vinagre** *Humorous (increíble)* what is he fucking well like!; **¡y una polla!** *(ni hablar)* fucking bollocks to that, mate!; **¿por qué no le pides perdón? – ¡pollas en vinagre!** *Humorous (ni hablar)* why don't you say sorry to her? – you can stuff that idea up your arse for starters!; **¡pollas en vinagre, está lloviendo otra vez!** *Humorous (expresa enfado)* fucking Nora, it's raining again!; **está en la quinta polla** *(lejos)* it's in the middle of fucking nowhere; **eso lo hago yo con la polla** *(fácilmente)* I could do that standing on my fucking head;

¡qué resfriado ni qué pollas! *(expresando enfado)* I don't give a fucking toss whether you've got a cold or not!; **porque me sale de la polla** *(porque quiero)* because I fucking well feel like it → **comer**

pollo NM (**a**) *(escándalo)* **como no me devuelvan el dinero, (les) voy a montar un pollo** if they don't give me the money back, they're dead; **mi madre (me) montó un pollo porque llegué tarde a casa** my mum went off on one (at me) cos I was late home
(**b**) *(follón)* **éramos quince a la mesa, no imaginas el pollo que había** there were fifteen of us round the table, it was total chaos; **se montó un pollo muy grande en los alrededores del estadio** there was some major aggro going off outside the ground

polvete NM *(coito)* hump; **los descubrimos echándose** *o* **pegándose un polvete en el salón** we caught them humping in the living room

polvo NM (**a**) *(coito)* bonk; **estábamos en mitad de un polvo cuando sonó el teléfono** we were busy bonking when the phone rang; **se estaban echando** *o* **pegando un polvo en el asiento de atrás** they were bonking on the back seat; **¿nos echamos un polvo?** fancy a bonk?; **¡qué polvo tiene!** *(es atractiva)* she's sex on legs!
(**b**) **estar hecho polvo** *(estar cansado)* to be knackered

poner VT *(excitar)* **a mí esa actriz me pone** that actress totally does it for me; **¿te pone el parapente?** are you into paragliding?

porculero, -a **1** ADJ *(expresando irritación)* **ya está el vecino porculero con la música a todo volumen** that bell-end of a neighbour of ours has got his music on full blast again; **entraba un viento porculero** there was a total bastard of a draught; **no me vuelvas a traer a este bar porculero** you'd better not take me back to this fucking shithole of a bar; **ser porculero** *(ser pesado)* to be a fucking pain in the arse
2 NM,F *(persona pesada)* **ser un porculero** to be a fucking pain in the arse

porfa ADV *(por favor)* please [*traducción neutra*]; **pórtate y no se lo cuentes, porfa** be a mate and don't tell her

porfaplis ADV *(por favor)* pretty please; **déjame usar tu móvil, porfaplis** can I use your mobile, pretty please?

porrero, -a **1** ADJ *(adicto)* **tú y tus amigos porreros** you and your pothead friends; **es muy porrero** he's a right pothead
2 NM,F *(adicto)* **es un porrero** he's a pothead

porro NM *(cigarrillo de marihuana o hachís)* joint; **hacerse** *o* **liarse un porro** to roll a joint

porrón NM *(mucho)* **hace un porrón de tiempo que no la veo** it's been a hell of a while since I saw her; **compraron un porrón de cerveza** they got a load of beer in; **han vendido un porrón de copias de su último disco** they've sold a hell of a lot of copies of their latest record

pota NF *(vómito)* puke; **echar la pota** to puke up

potar VI *(vomitar)* to puke

potente ADJ **estar potente** *(muy atractivo)* to be tick

potorro NM *(vagina)* chuff

potra NF *(suerte)* **tener potra** to be

potrero

jammy; **¡qué potra tiene!, ¡tiene una potra!** the jammy bugger!; **ganaron de potra** they were dead lucky to win

potrero, -a 1 ADJ *(suertudo)* jammy **2** NM,F *(suertudo)* jammy bugger

pringar 1 VT **(a) la ha pringado** *(ha muerto)* he's kicked it
(b) la he pringado *(fastidiado)* I've really gone and mucked it up
2 VI *(trabajar)* to work *[traducción neutra]*; **me toca pringar este sábado** I'm going to have to drag myself into work this Saturday

priva NF *(bebida)* booze

privar VI *(beber)* to booze; **es increíble cómo privan tus amigos** your friends don't half knock it back

prive → **priva**

pueblo → **pasar**

puesto, -a ADJ **(a) estar muy puesto en algo** *(enterado)* to be well up on something
(b) *(parte del cuerpo)* **eso sí que es un culo bien puesto** *(bonito)* that's one gorgeous arse he's got on him; **los tiene bien puestos** *(es valiente)* he's got balls

pulirse VPR **(a)** *(gastar)* to blow; **se pulieron mil euros en una hora** they blew a thousand euros in an hour; **¿ya os habéis pulido toda la comida?** have you polished off all the food already?
(b) *(suspender)* **el profesor se pulió a media clase** the teacher went and failed half the class

punta NF **había comida a punta pala** *(mucha)* there was masses of food; **conoce bares a punta pala** *(muchos)* she knows masses of bars; **tiene dinero a punta pala** *(muchísimo)* she's loaded; **hace lo que le sale de la punta del capullo** o **nabo** *(lo que quiere)* he does whatever he fucking well feels like; **¡porque me sale de la punta del capullo** o **nabo!** *(porque quiero)* because I fucking well feel like it!

puntazo NM **(a)** *(ocurrencia)* **le dio el puntazo y se alistó en el ejército** he suddenly took it into his head to join the army; **lo de invitarlo a la fiesta fue un puntazo** it was a real stroke of genius to invite him to the party; **sería un puntazo que pudieras venir con nosotros** it'd be magic if you could come with us
(b) ¡qué puntazo! *(qué genial)* wicked!

punto NM **(a)** *(genialidad)* **fue todo un punto invitarla a la fiesta** it was a real stroke of genius to invite her to the party; **apúntate** o **márcate un punto e invítanos** be a star and buy us a round
(b) coger el punto *(con alcohol o drogas)* to get mellow

puñetero, -a 1 ADJ **(a)** *(mala persona)* **ser puñetero** to be a miserable git; **no seas puñetero e invita a Susana a la fiesta** don't be such a miserable git and invite Susana to the party
(b) *(maldito)* sodding; **se ha vuelto a estropear la puñetera lavadora** the sodding washing machine's broken again; **tiene la puñetera manía de entrar sin llamar** it's sodding annoying the way she comes in without knocking; **no me hace ni puñetero caso** he takes no sodding notice of me whatsoever; **no me hizo ni puñetera gracia** I didn't find it sodding well funny at all; **no tengo ni puñetera idea** I haven't got a sodding clue; **¡cállate de una puñetera vez!** just sodding well shut up!
(c) *(difícil)* **me cayó una pregunta muy puñetera** I got a bugger of a question

puto

2 NM,F *(mala persona)* miserable git

puro NM *(castigo)* **le metieron un puro por navegar en horas de trabajo** they came down on him like a ton of bricks for surfing the Net when he was supposed to be working; **como nos descubran nos van a meter un puro** we're really going to be in for it if they find us out

puta NF whore; **¡es más puta que las gallinas!** *(promiscua)* she'll shag anything in trousers!; **¿qué te parece si vamos al cine? – ¡de puta madre!** *(genial)* how about if we go to the cinema? – that'd be bloody brilliant!; **lo pasamos de puta madre** *(genial)* we had a bloody brilliant time; **de puta madre, ¿ahora qué hacemos?** *Irónico (qué horror)* bloody brilliant, what are we supposed to do now?; **mis padres las pasaron muy putas después de la guerra** *(muy mal)* my parents had a bloody rough time of it after the war; **las vamos a pasar putas para aprobar el examen** *(va a ser difícil)* it's going to be bloody tough getting through the exam → **cagar, puto**

putada NF *(faena)* **¡qué putada, no podremos ir a esquiar este fin de semana!** what a bummer, we're not going to be able to go skiing this weekend!; **le han hecho una putada, le han cambiado al turno nocturno** it's a real bummer, they've gone and moved him onto the night shift; **es una putada que no vayas a poder venir al viaje** it's a bummer that you won't be able to come on the trip

puteado, -a ADJ *(fastidiado)* **está muy puteado en el trabajo** they really fuck him about *o* around at work

putear VT *(fastidiar)* to fuck about *o* around; **en el trabajo lo putean mucho** they really fuck him about *o* around at work; **ese ruidito me está puteando** that stupid noise is fucking me off

puto, -a ADJ *(para enfatizar)* **este puto coche no quiere arrancar** the fucking car won't start; **no me queda un puto euro** I'm totally fucking skint; **no tengo ni puta idea** I haven't got a fucking clue; **¿a que no sabes a quién me encontré ayer? – ni puta idea** bet you can't guess who I met yesterday – I haven't got the faintest fucking idea; **¿y quién es esa? – ni puta idea** who's she? – fuck knows; **ya estoy harto de ese puto teléfono** I'm fed up with that fucking phone; **no me hacen ni puto caso** they take no fucking notice of me whatsoever; **no me hizo ni puta gracia** I didn't find it fucking well funny at all; **cerró la empresa y a él lo echaron a la puta calle** they closed the company and he was out on his fucking arse; **me cae de puta pena** *(muy mal)* I hate his fucking guts; **el examen me salió de puta pena** *(muy mal)* I did fucking terribly in the exam; **¿qué tal estuvo el concierto? – de puta pena** how was the concert? – fucking terrible; **¡cállate de una puta vez!** shut the fuck up! → **puta**

Q

quedada NF *(burla)* wind-up; **no le hagas caso, es una quedada suya** don't take any notice, he's just winding you up

quedarse VPR **quedarse con alguien** *(tomar el pelo)* to wind somebody up; **¿sabes que Susana está embarazada? – ¡te estás quedando conmigo!** did you know Susana's pregnant? – you're winding me up!; **le gusta mucho quedarse con el personal** she's always winding people up

quemado, -a ADJ *(desgastado)* browned off; **está muy quemado con el trato que recibe en el trabajo** he's really browned off about the way he's treated at work; *Humorous* **está más quemado que la pipa de un indio** he's not a happy bunny o camper

querer VI **su hermana está como quiere** *(guapísima)* her sister's well fit

queso NM (**a**) *(pie)* **¡quita los quesos de encima de la mesa!** get those great big feet of yours off the table!; **aquí huele a queso** someone here's got cheesy feet
(**b**) **tu amiga está como un queso** *(es guapísima)* your (girl)friend's a hottie

quiqui NM **echar un quiqui** *(hacer el amor)* to have a quick one

R

rabo NM *(pene)* joint

radio NF **radio macuto** *o* **patio** *Humorous (cotilleo)* bush telegraph; **me enteré en radio macuto** *o* **patio** I heard it on the grapevine *[traducción neutra]*

rajado, -a 1 ADJ *(cobarde)* **no seas rajado** stop trying to wimp out
2 NM,F *(cobarde)* **es un rajado, ya verás como no viene** he won't come, believe me, he's always wimping out

rajar 1 VI *(hablar)* to yack; **estuvieron rajando sobre fútbol durante cuatro horas** they were yacking on about football for four hours
2 **rajarse** VPR *(echarse atrás)* to wimp out

rasca NF *(frío)* **¡qué rasca hace!** it's flipping freezing!

rata 1 ADJ *(tacaño)* **¡qué rata eres!** you're such a cheapskate!
2 NMF *(tacaño)* **es un rata** he's a cheapskate

rato NM **sabe un rato (largo) de ordenadores** *(mucho)* she doesn't half know a lot about computers; **Anoia me gusta un rato (largo)** *(mucho)* I fancy Anoia big time

rayado, -a ADJ **está rayado** *(loco)* he's barking

rayar 1 VT *(molestar)* **¡no me rayes, tío!** get out of my face, man!; **deja de rayar al personal con tus chorradas** stop farting around, you're driving everyone mental; **la dichosa canción me raya bastante** that bleeding song's driving me mental
2 VI *(molestar)* **¡deja de rayar con tus SMS!** you're driving me mental with your texts!; **mi madre no deja de rayar con que me corte el pelo** my mum keeps blahing on about me getting my hair cut

realísima NF **porque me da la realísima** *(porque quiero)* because I flaming well feel like it

rebotarse VPR *(enfadarse)* to get the hump

rebote NM *(enfado)* **cogió** *o* **pilló un rebote increíble porque no la invitamos** she really got the hump because we didn't invite her

recochinearse VPR *(burlarse)* **llevan toda la semana recochineándose de mi corbata** they've done nothing but take the mick out of my tie all week; **no os recochinéis de él, sólo lleva un mes en el trabajo** don't take the mick out of him, he's only been in the job a month

recochineo NM **cuando se enteraron de mi metedura de pata fue el recochineo total** *(se burlaron)* they didn't half take the mick when they heard about how I'd put my foot in it

refanfinflar VT **me la refanfinfla** *(no me importa)* I couldn't give a stuff

regadera

regadera NF **estar como una regadera** *(loco)* to be stark raving bonkers

rehostia NF **esta moto es la rehostia** *(increíble)* this motorbike's bloody amazing; **su novia es la rehostia de guapa** *(muy)* his girlfriend's a bit bloody tasty

> ⓘ People often add **re** to the front of a word to form a new slang term. For example, **ser la pera** becomes **ser la repera**, **ser la hostia** becomes **ser la rehostia**, etc. The **re** emphasizes the expression and gives it a slightly humorous feel.

renacuajo, -a NM,F *(niño)* ankle-biter

repajolero, -a ADJ *(para enfatizar)* **no tengo ni repajolera idea** I haven't got a sodding clue; **¿a que no sabes a quién me encontré ayer? – ni repajolera idea** bet you can't guess who I met yesterday – I haven't got the faintest sodding idea

repatear VT *(fastidiar)* **me repatea que siempre me toque a mí limpiar** it really browns me off that I'm always the one who has to do the cleaning; **sus amigos me repatean** I can't stick his friends

repe ADJ *(repetido)* **este cromo lo tengo repe** I've got a swopsy for this card

repera NF **tu hermano/este ordenador es la repera** *(increíble)* your brother/this computer is something else

resbalar VT **me resbala** *(no me importa)* I don't care two hoots

resultón, -ona ADJ *(atractivo)* tasty; **¡qué moto tan resultona se ha comprado!** that's one tasty bike she's bought herself!; **no es una chica guapa, sino resultona** she's not pretty but she's definitely got something

revolcón NM **se estaban dando un revolcón** *(se estaban dando el lote)* they were all over each other; *(hacían el amor)* they were having a roll in the hay

rico, -a ADJ *(guapo)* **¡qué rica está tu amiga!** your friend's a bit tasty!

rojeras **1** ADJ INV *(izquierdista)* lefty; **es muy rojeras** he's a real lefty
2 NMF INV *(izquierdista)* lefty

rollo 1 ADJ INV *(aburrido)* **¡qué película más rollo!** this film's dead boring!; **su hermano es muy rollo** her brother's a boring git
2 NM **(a)** *(aburrimiento)* **es un rollo de película** the film's dead boring; **este tío es un rollo** that bloke's a boring git; **ese libro es un rollo macabeo** o **patatero** *Humorous* that book is snoresville; **¡qué rollo!** what a pain!
(b) *(discurso)* **me estaba largando** o **metiendo** o **soltando un rollo sobre las drogas** he was banging on at me about drugs; **corta el rollo, ya te he dicho que no voy a ir** give it a rest, I've already told you I'm not going; **me largó un rollo macabeo** o **patatero sobre las relaciones prematrimoniales** *Humorous* he was waffling on at me about premarital sex
(c) *(mentira)* **se inventó un rollo sobre su madre en hospital y no sé qué más** he came out with some spiel about his mother being in hospital or something; **a mí no me vengas con rollos** leave it out!; **espero que no te hayas creído ese rollo macabeo** o **patatero** *Humorous* I hope you didn't actually believe any of that guff; **se tiró el rollo de que era su amigo** *(fingió)* he came out with the one about him being her friend; **es demasiado**

viejo para tirarse el rollo de roquero rebelde *(fingir)* he's too old to be acting the rock rebel
(d) *(sentimental)* **tiene un rollo con una chica de quince años** he's got a thing going with this fifteen-year-old girl; **para él lo de Susana no fue más que un rollo más** Susana was nothing more than another fling as far as he was concerned; **salieron en busca de rollo** they went out on the pull
(e) *(asunto, cosa)* **le va mucho el rollo del parapente** she's really into the old paragliding lark; **el rollo del bakalao no me dice nada** I'm not into the old techno scene; **está metido en un rollo de drogas** he's got caught up in this drugs scene
(f) *(en expresiones)* **él va a su rollo** *(a lo suyo)* he just does his own sweet thing; **ese tío me da muy mal rollo** *(mala impresión)* I get really bad vibes off that bloke; **tírate el rollo e invítanos** *(sé generoso)* be a good mate and pay for us

roña 1 ADJ *(tacaño)* **¡qué roña eres!** you're such a tightwad!
2 NMF *(tacaño)* **es un roña** he's a tightwad

roque ADJ *(dormido)* **me lo encontré roque en el sofá** I found him crashed out on the sofa; **estar roque** to be dead to the world; **me quedé roque en cinco minutos** I was dead to the world within five minutes

rosca NF **hace tiempo que no me como una rosca** *(no ligo)* I haven't pulled for ages; **en esta ciudad no te comes una rosca** *(no se liga)* there's not a lot of action in this town; **te has pasado de rosca con lo que le has dicho** *(te has excedido)* what you said to her was a bit OTT

rostro NM *(caradura)* **tiene mucho rostro** she's got a flipping cheek; **tuvo el rostro de decir que nadie le había ayudado** he had the cheek to say that nobody had helped him; **tiene un rostro que se lo pisa** *Humorous* she's a right cheeky little sod, she is; **le echa mucho rostro a todo** he's got no flipping shame at all; **liga mucho porque le echa mucho rostro** he's always getting off with people, he just wades right in there

rular VI **este vídeo no rula** *(no funciona)* this video's packed up

S

saco NM **me mandó a tomar por saco** *(al infierno)* she told me where I could stick it; **¡vete a tomar por saco!** *(al infierno)* sod off!; **el proyecto se ha ido a tomar por saco** *(ha fracasado)* the project's buggered; **este ordenador da por saco** *(es malísimo)* this computer's a pain in the bloody arse; **ya estoy cansado de que me den por saco en esta empresa** *(de que me maltraten)* I'm fed up of getting treated like crap by this company; **¡que le den por saco!** *(al infierno)* sod him!

salchichero, -a → cutre

salido, -a 1 ADJ *(sexualmente)* horny; **estar salido** to be horny, to have the horn
2 NM,F *(sexualmente)* horny bugger

salir → armario

segurata NM *(vigilante)* *(en un banco)* security guard; *(en una discoteca)* bouncer; **el segurata me dejó entrar** the bloke on the door let me in → **bocata**

sembrado, -a ADJ **estar sembrado** *(inspirado)* to be on fire; **¡estás sembrado, tío!** the boy's on fire!

sinpa NM **hacer un sinpa** *(irse sin pagar)* to do a runner, to leg it without paying

soba NF **les dieron una soba** *(los derrotaron)* they murdered them

sobado, -a ADJ *(dormido)* **estaba sobado en el sofá** I'd crashed out on the sofa; **me quedé sobado viendo la tele** I conked out in front of the telly

sobar 1 VT *(manosear)* to grope
2 VI *(dormir)* to kip

sobón, -ona 1 ADJ *(manoseador)* **no seas tan sobón** keep your hands to yourself, you filthy bugger!
2 NM,F *(manoseador)* **es un sobón** the filthy bugger can't keep his hands to himself

sobrarse VPR *(excederse)* **no te sobres, tío** steady on there, mate; **te has sobrado con lo que le has dicho** what you said to her was a bit OTT

sobre NM **irse al sobre** *(a dormir)* to hit the sack; **me voy a meter al sobre** I'm gonna hit the sack

socio, -a NM,F *(amigo)* mate; **¿qué te pasa, socio?** what's the matter, my man?

sombra → cagar

sonado, -a ADJ **está sonado** *(loco)* he's crackers

sopa ADJ **(a)** *(dormido)* **me lo encontré sopa en el sofá** I found him crashed out on the sofa; **estar sopa** to be crashed out; **me quedé sopa viendo la tele** I crashed out in front of the telly
(b) *(borracho)* **estar sopa** to be hammered; **llegó a casa sopa perdido** he was totally hammered when he got in

Sexo — Sex

There are more slang terms for having sex in Spanish than for any other activity, so here are some tips to help you find your way round this tricky subject.

Follar (*to shag*) is the commonest term used to refer to the sexual act. You can also say **joder** (*to fuck*), but this is more vulgar and a lot less common.

The most frequently used milder terms include **echar un polvo** (*to bonk*), **tirarse a alguien** (*to have it off with somebody*), **llevarse a alguien a la cama** (*to get laid*) and **echar un casquete** (*to hump*).

Whilst words like **follar, echar un polvo** and **joder** can be used to describe the sexual act from the perspective of women as well as men, there are certain terms that only refer to it from the perspective of a man. These include the slightly humorous **mojar el churro** and **mojar el bizcocho** (both of which can be translated by *to dip one's wick*), together with the much more offensive terms **trajinarse a alguien** (*to bone somebody*) and **cepillarse a alguien** (*to stick it to somebody*). Some of the more aggressive-sounding terms for sex also tend to be used mostly by men, for example **pasarse por la piedra** (*to bang*), although some women do use these terms too.

There are several euphemistic slang expressions that avoid mentioning sex explicitly by using pronouns such as **lo** instead, for example: **lo estuvieron haciendo durante toda la noche** (*they were at it all night*) or **hacerlo con alguien** (*to do it with somebody*).

Finally, many expressions resort to humour in order to achieve a euphemistic effect: **hacer ñaca ñaca** (*to hump*), **echar un quiqui** (*to have a quick one*), **mojar el bizcocho** (*to dip one's wick*), **beneficiarse a alguien** (*to do somebody a favour*), **llevarse a alguien al huerto** (*to get into somebody's pants*).

There range of commonly used terms for anal sex is more limited. The most frequently used expression is the vulgar **dar por el culo a alguien** (*to fuck somebody up the arse*).

Oral sex has its fair share of terms. Fellatio is mostly commonly referred to as a **mamada** (*blow job*), but you can also say **chuparla** (*to give head*) and **comerle la polla a alguien** (*to go down on somebody*). Cunnilingus is covered by **comer el conejo** (*to eat pussy*) or the more vulgar **comer el coño a alguien** (*to go down on somebody*).

As for having sex with yourself, Spanish rather curiously seems to have a much smaller range of terms than English. By far the most common term for male masturbation is **hacerse una paja** (*to wank*), while other frequently used expressions are **cascársela** (*to toss oneself off*), **meneársela** (*to have one off the wrist*) and **machacársela** (*to beat your meat*). As for female masturbation, you can say **hacerse un dedo** (*to have a bit of a diddle*).

soplar

soplar 1 VT *(robar)* to nick; **le soplaron la cartera en el metro** he had his wallet nicked in the underground; **¿quién me ha soplado la calculadora?** who's nicked my calculator?
2 VI *(beber)* to booze; **es increíble cómo soplan tus amigos** your friends don't half knock it back
3 **soplarse** VPR *(beber)* to knock back; **se soplaron una botella entera de whisky** they knocked back a whole bottle of whisky

subidón NM *(descarga de adrenalina)* **fue un subidón ver cómo el público reaccionaba** the audience's reaction gave us a real high; **si te hace falta un subidón, ven a nuestra fiesta** if you're looking for thrills, come to our party; **estoy de subidón porque he aprobado las mates** I'm on a high cos I passed my maths exam; **¡vaya subidón le ha dado al enterarse!** he was on a total high when he found out!; **¡qué** o **menudo subidón!** awesome!

subnormal *Insult* 1 ADJ *(estúpido)* **es subnormal** he's a moron
2 NMF *(estúpido)* moron; **¡subnormal!** you moron!

sudaca *Racist (sudamericano)* 1 ADJ **inmigrantes sudacas** bloody South American immigrants
2 NMF South American bastard; **¡eh, sudaca, ven aquí!** oi, come over 'ere, you South American twat!

sudar VI **me la suda** *(no me importa)* I couldn't give a toss

súper 1 ADJ *(genial)* brill; **su último disco es súper** her latest record is brill; **me he comprado un móvil súper súper** I've bought this totally nifty mobile
2 ADV *(genial)* **lo pasamos súper** we had a brill time; **esa falda te queda súper** that skirt looks brill on you

supu ADJ **por supu** *(por supuesto)* course; **te llamaré, por supu** course I'll call you

T

tabarra NF **dar la tabarra** (*molestar*) to be a pain in the backside; **deja de dar la tabarra** stop being such a pain in the backside; **lleva días dando la tabarra con que quiere comprarse una moto** (*insistiendo*) he's been on and on about buying a motorbike for days now

taco NM (**a**) **tiene treinta y tres tacos** (*años*) she's thirty-three [*traducción neutra*]; **su padre debe tener muchísimos tacos** her dad must be ancient
(**b**) (*follón*) **se armó un taco increíble cuando llegó la policía** all hell broke loose when the police arrived; **yo con la declaración de la renta me armo un taco increíble** filling out my tax return really does my head in

tajada NF (*borrachera*) **coger una tajada** to get wasted; **¡qué tajada lleva!** he's totally wasted!

tajado, -a ADJ (*borracho*) **ir tajado** to be wasted

tajarse VPR (*emborracharse*) to get wasted

tajo NM (*trabajo*) **¿a qué hora sales del tajo?** what time d'you knock off?; **los compañeros del tajo** the folk at work

tarro NM (*cabeza*) bonce; **ese tío está mal del tarro** (*está loco*) that bloke's funny in the head; **¿que te deje el coche? ¡tú estás mal del tarro, tío!** (*estás loco*) lend you my car? are you funny in the head or something?; **me está calentando** o **comiendo el tarro para que vaya con ellos** (*insistiendo*) she's been on and on at me about going with them; **se metió a la secta y le comieron el tarro** (*le lavaron el cerebro*) he joined a sect where they messed with his mind; **no te calientes** o **comas el tarro, no le gustas** (*no te preocupes*) there's no point doing your head in about it, she doesn't fancy you

tejo NM **lleva varias semanas echándome** o **tirándome los tejos** (*intentando ligar conmigo*) he's been trying to get off with me for several weeks; **¿has visto cómo te está echando** o **tirando los tejos aquel tío de la esquina?** (*lanzando miradas*) have you seen the way that bloke in the corner's eyeing you up?

tela NF (**a**) (*dinero*) brass
(**b**) **lo del agujero de ozono tiene tela** (*es complicado*) the ozone layer...now that's a tricky one; **sus declaraciones tienen tela** (*son jugosas*) her statements have got a hell of a lot to them; **conseguir el permiso va a ser tela marinera** (*complicado*) it's going to be dead tricky getting hold of the licence
(**c**) (*para enfatizar*) **fue tela de aburrido** it was dead boring

teta 1 NF (*pecho*) boob; **tetas** boobs; **¡qué tetas más grandes tiene!**

tetamen

she's got massive tits; **estoy hasta las tetas de él** *(harto)* I've shagging well had it up to here with him
2 ADJ *(muy bueno)* well crucial
3 ADV *(muy bien)* **lo pasaron teta** they had a well crucial time

ⓘ The translation *boob* most closely reflects the usage of **teta** in the majority of cases, since the Spanish term is used by both men and women without usually having offensive connotations. When **teta** is used by a man in a sexist way, however, *tit* is a more appropriate translation.

tetamen NM *(pechos)* jugs; **¡qué tetamen tiene!** look at the jugs on her!

tieso, -a ADJ *(en erección)* **la tenía tiesa** he had a hard-on; **me la ha puesto tiesa** she's giving me a hard-on

tío, -a NM,F **(a)** *(persona)* *(hombre)* bloke, guy; *(mujer)* woman *[traducción neutra]*; **y va el tío y me suelta una bofetada** and then he goes and thumps me one; **le van las tías suecas** he's into Swedish birds; **ese bar está lleno de tíos buenos/ tías buenas** *(guapos)* that bar's full of tottie; **¡tío bueno!** *(piropo)* phwoar!; **¡tía buena!** *(piropo)* phwoar!; **¿quién es esa tía buena que viene por ahí?** *(guapa)* who's that gorgeous bit of stuff over there? **(b)** *(como apelativo)* *(hombre)* mate; **hola, tíos, ¿cómo estáis?** hi guys, how are you doing?; **anda tío, cállate ya** give it a rest, mate; **tía, no te enfades, que lo decía en broma** there's no need to get all angry, I was only joking

ⓘ When used as a form of address, **tía** has no informal equivalent in English and would usually not be translated. The Spanish term lacks the sexist connotations of words such as *darling* or *love* which are therefore unsuitable as translations.

tirarse VPR **(a) se la tiró** *(se acostó con ella)* he had it off with her **(b) el profesor se tiró a la mitad de la clase** *(suspendió)* the teacher went and failed half the class → **pegote, rollo**

titi NF *Sexist (mujer)* bird

tocapelotas **1** ADJ *(expresando irritación)* **ya está el vecino tocapelotas con la música a todo volumen** that pain (in the bum) next door has got his music on full blast again; **¡qué tocapelotas eres!** *(pesado)* you're such a pain in the bum!
2 NMF INV *(persona molesta)* **ser un tocapelotas** to be a pain in the bum

tocar → **cojón, huevo, moral, narices, pelota**

tocinera NF *(furgón policial)* police van *[traducción neutra]*; **vimos una tocinera** we saw a bunch of pigs in their van

tolai NMF *(tonto)* muppet

tomar → **culo, saco**

tonto, -a NM,F *Insult* **es un tonto del bote** *(imbécil)* he's a wally; **¡tonto del bote!** you wally!; **es un tonto del culo** *(imbécil)* he's a stupid arse; **¡tonto del culo!** you stupid arse!; **es un tonto del haba** *(imbécil)* he's a stupid berk; **¡tonto del haba!** you stupid berk!; **¡tonta del haba!** you silly cow!

tope 1 ADJ *(genial)* wicked; **esta disco es lo más tope** this club's well wicked
2 ADV *(muy)* **lo pasamos tope guay** we had a well wicked time

toque NM **te daré un toque este**

fin de semana *(telefonazo)* I'll give you a bell this weekend

tortillera NF *Homophobic (lesbiana)* dyke

tostada NF **ya me olía yo la tostada** *(sospechaba)* I could see that one coming; **será mejor que le contemos la verdad, porque se está empezando a oler la tostada** we'd better tell her the truth because she's starting to twig what's going on anyway

total ADJ *(genial)* kickin'

trajinarse VPR **se la trajinó** *(se acostó con ella)* he boned her

tranqui INTERJ *(tranquilo)* chill out!; **tranqui, que no pasa nada** chill out, man, it's no big deal!

tranquis INTERJ *(tranquilo)* chill; **tranquis, que no pasa nada** chill, man, it's no big deal!

trapero, -a ADJ *(chapucero)* cobbled together; **tuve que hacer un arreglo trapero** I had to cobble together a repair

tremendo, -a ADJ **estar tremendo** *(atractivo)* to be a fittie

trepa NMF *(arribista)* **es un trepa** he's an ambitious little bugger

tres → **burro**

tripi NM *(LSD)* tab

triunfar VI **¡cómo triunfa este videojuego!** *(es genial)* this computer game is totally fly!

trola NM *(mentira)* fib; **contar trolas** to tell fibs

trolero, -a 1 ADJ *(mentiroso)* **no seas trolero** you fibber!
2 NM,F *(mentiroso)* fibber

tron NMF *(amigo)* **¿qué pasa, tron?** what's up, bro?

tronado, -a ADJ **estar tronado** *(loco)* to be a basket case

tronco, -a NM,F *(amigo)* mush; **¿qué pasa, tronco?** what's up, mush?

truño NM *(cosa sin valor)* **ser un truño** to be whack

tubo NM **había cerveza por un tubo** *(mucha)* there was tons o loads of beer; **nos aburrimos por un tubo** *(mucho)* we were bored out of our tiny minds → **alucinar**

tumbar VT **me han tumbado las matemáticas** *(suspendido)* I've failed my maths

U

uni NF *(universidad)* uni

V

vacatas NFPL *(vacaciones)* hols; **me voy de vacatas la próxima semana** I'm going on my hols next week → **bocata**

vacilar VI *(tomar el pelo)* **estás vacilando, ¿no?** *(¿bromeas?)* you're winding me up, aren't you?; **conmigo no vaciles** don't you try it on with me!

vacile NM *(tomadura de pelo)* wind-up; **estás de vacile, ¿no?** *(¿bromeas?)* you're winding me up, aren't you?

valer VI **llegas media hora tarde, ya te vale** *(¡qué valor!)* you're half an hour late, what the hell d'you think you're playing at?; **ya le vale, dice que no tiene un duro** he reckons he's totally broke... is he hell!

vara NF **dar la vara** *(molestar)* to be a pain in the backside; **deja ya de dar la vara** stop being such a pain in the backside; **lleva todo el día dando la vara con que le llevemos al zoo** *(insistiendo)* she's been on and on all day about us taking her to the zoo

venada NF *(locura)* **le dio la venada y se fue a trabajar de pastor** for some unfathomable reason he suddenly decided to go off and become a shepherd; **le dio la venada de empezar a coleccionar mariposas** he took it into his crazy little head to start collecting butterflies

viaje NM (**a**) *(con drogas)* trip
(**b**) *(golpe)* **me di un viaje en la rodilla** I twatted my knee

vicio NM *(para enfatizar)* **el examen me salió de vicio** my exam went dead well; **en ese bar se come de vicio** the food in that bar's wicked; **tu amiga está de vicio** your friend's well hot; **nos lo pasamos de vicio en la fiesta** we had a wicked time at the party; **en esta playa se está de vicio** it's wicked on this beach

vida NF **búscate la vida** *(arréglatelas)* that's your problem

vidilla NF **dar vidilla a algo** *(animar)* to liven something up

viejo,-a NM,F **mi viejo** *(mi padre)* my old man; **mi vieja** *(mi madre)* my old lady; **mis viejos** *(mis padres)* the oldies

virguería NF *(maravilla)* **tiene una virguería de piso** her flat is just so cool; **me han regalado una virguería de móvil** they gave me a seriously neat mobile; **hace virguerías con el balón** he's a wizard with the ball

virguero, -a ADJ (**a**) *(muy bueno)* seriously neat; **¡qué reloj más virguero te han regalado!** that's one seriously neat watch they've given you!
(**b**) *(hábil)* **es un futbolista virguero** he's a footballing wizard

voltio NM *(vuelta)* **han ido a dar un voltio al parque** they've gone for a turn round the park; **¿quieres dar un voltio en mi moto?** d'you fancy going for a spin on my motorbike?

y

yogur, yogurcito, yogurcín NM *(chica)* bit of fluff

yuyu NM (**a**) *(pánico)* ¿**el examen es mañana? ¡qué yuyu, tío!** what, the exam's tomorrow? uh-oh!; **cuando el avión empezó a balancearse me dio mucho yuyu** when it started getting bumpy on the plane I was totally bricking it
(**b**) *(ataque de nervios)* **cuando vio que le habían robado el coche le dio** o **entró un yuyu** she got in a total flap when she saw her car had been stolen; **me parece que le ha dado un yuyu a la impresora** *(ha enloquecido)* I think the printer's thrown a wobbler
(**c**) *(mala espina)* **ese tío me da yuyu, no te fíes mucho de él** that guy gives me the creeps, I wouldn't trust him if I were you

z

zapas NFPL *(zapatillas)* Claire Rayners

zarpa NF *(mano)* paw

zorra NF (**a**) *(prostituta)* tart
(**b**) *(mujer promiscua)* tart
(**c**) *(en expresiones)* **no tengo ni zorra (idea)** *(no sé)* I'm buggered if I know; **no tiene ni zorra idea de música** *(no sabe)* she hasn't got a bloody clue about music

zumbado, -a ADJ **está zumbado** *(loco)* he's crackers

zumbar VT *(pegar)* **le quitaron la cartera y además lo zumbaron a base de bien** they stole his wallet and on top of that they kicked his head in; **¡como no te calles te voy a zumbar!** if you don't shut up soon I'm going to sock you one!